역사 속 성 문화,

사색史色

역사 속 성 문화, 사색史色

강영운 지음

인물과
사상사

난산 끝에 나온 사색, 그리고 산파들을 기억하며

"회사에서 이런 거 쓰라고 하니?"

처음 사색思色을 쓴다고 했을 때, 부모·형제·친척·친구·회사 동료·그냥 아는 사람 하나같이 같은 반응이었습니다. 무리도 아니었습니다. 역사가 주제라지만, 성기·매춘·동성애 이야기를 다루는 게 영 체면이 안 서는 일이었지요. 적어도 우리나라에서 성性은 공론의 영역에 있는 것이 아님을 잘 알고 있었습니다. '언론사를 다니는 기자가 기사는 안 쓰고 야설을 쓴다'는 반응도 들었습니다.

그럴수록 제 마음속에서는 더욱 큰 결기가 섰습니다. 하라는 건 안 하고, 하지 말라는 건 하는 청개구리 성향이었기 때문입니다. 일단 한번 써보고 독자의 반응을 살펴보고자 했습니다. 연재물 담당 데스크도 흔쾌히 '오케이'를 해주셨지요. 회사와 데스크의 그릇이 그만큼 크다는 걸 처음 깨달았습니다.

"그리스인 석상 성기는 왜 작았나?" 사색의 사실상 첫 글이 그렇게 시작됐습니다. 처음 포털에 노출되는 날, 독자의 원성이 쏟아질까 조마조마한 마음도 컸었지요. 사실 잠을 못 이뤘습니다. 우려와 달리 결과는 대성공. "외설적인 내용을 천박하지 않고 재미있게 풀었다"는 댓글이 주를 이뤘습니다. 제가 연재를 시작한 지 정확히 1년이 되어가지만, 아직도 첫 반응이 가장 기억에 남습니다.

매주 수십만 조회수가 나오면서 뜨거운 반응이 이어졌습니다. 물론 댓글 반응이 늘 좋았던 건 아니었습니다. "변태적이다", "동성애를 옹호하는 거냐" 등의 거친 비난도 많았지요. 그럴 때마다 제게 힘을 주었던 건 "글 잘 읽고 있다", "생각할 거리를 던져줘 고맙다"는 구독자들의 따뜻한 반응이었습니다. 그분들이 없었다면 이 책도 태어나지 못했습니다.

성의 역사를 조명해보자는 취지였지만, 항상 성에만 천착한 건 아니었습니다. 교과서에서는 보지 못했던 색다른 역사들에도 현미경을 들이대고자 했기 때문입니다. 위대한 왕, 귀족, 예술가들의 은밀한 사생활도 사색의 주요 주제가 됐습니다. 불륜녀와 뜨거운 사랑을 나눈 '영국의 이순신' 넬슨도, 왕의 정부였지만 프랑스의 역사를 구한 아녜스 소렐에 관한 글도 그렇게 탄생했습니다. 역사를 좋아하시는 분들이라도 잘 볼 수 없었던 이야기라고 감히 자부합니다.

졸문이었지만 좋게 봐주신 분들이 계십니다. 출판 제의를 해온 출판사도 더러 있었지요. 가장 끌렸던 회사는 인물과사상사였습니다. "성역에 도전한다"는 출판사 모토가 성(姓)의 금기에 도전하는 사색과 맞닿아 보였기 때문입니다. 대학 시절 인물과사상사의 양서를 많이 읽었던 것도 선택의 배경이 됐습니다. 지적 즐거움을 준 출판사로부터 출간 제의를 받는 건 글밥을 먹고 사는 사람으로서 영광스러운 일입니다. 의기투합이 잘 된 덕분에 인터넷 연재물에서 볼 수 없었던 원고 몇 편도 추가할 수 있었습니다. 더 야하고, 더 진한 글입니다.

참 고마운 사람이 많습니다. 의문을 제기하면서도 응원해준 가족들이 가장 먼저 생각납니다. 경기도 남양주 덕소에서 서점을 운영하시는 부모님은 '책'을 사랑할 기회를 주셨습니다. 역사의 거장들이 쓴 저서에서 사색이 많은 영감을 얻을 수 있었던 배경입니다. '독서'가 멸종되어가는 이 시대에도, "동네에는 서점이 필요하다"며 한자리를 지키고 계신 그 마음을 존경합니다.

사색이 세상에 나오기까지 산파들이 많았습니다. 글 쓰는 시간을 존중해주고 응원해준 은주, 리안에게도 감사 인사를 전합니다. 가족 없이는 책도 없었음을 늘 기억하겠습니다. 책에 빛나는 부분이 있다면, 모두 그들의 몫입니다. 단점은 모두 저의 것입니다.

2024년 1월
강영운

차례

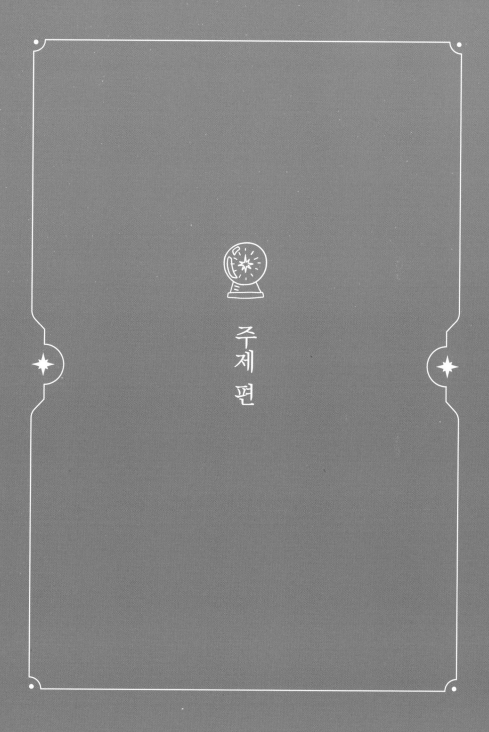

주제
편

1

그리스 석상의 성기는
왜 이렇게 작나

***

◇ 고대 그리스 석상의 남성 성기는 유달리 작다. 근육질의 몸매와 대조
   적이다.
◇ 고대 그리스 사회가 작은 성기를 아름답다고 여겼기 때문이다. 그들
   은 큰 성기를 야만적이라고 여겼다.
◇ 고려에서도 작은 성기는 '깨달음을 얻은 자'라는 뜻으로 통했다. 불
   교 문화의 영향이다.
◇ 작다고 우울해하지 말지어다. 우린 고대 그리스와 불교에서 알아주
   는 남자들이다.

완벽한 복근의 8등신 그리스 석상
그런데 성기는 왜 이렇게 작나

작은 머리, 선명한 복근, 긴 팔과 다리, 큰 눈과 오똑한 콧날, 거기에 찰랑이는 머릿결까지. 고대 그리스가 그린 미美의 이상형입니다. 태곳적 미의 기준은 여전히 아름다움의 기준점으로 자리 잡았습니다.

2000년이 지난 지금도 우리는 그리스 남신을 묘사한 석상이 풍기는 아우라에 넋을 잃곤 하지요. '미술사'의 영역을 개척한 18세기 프로이센의 미학자 요한 요하임 빙켈만은 말했습니다. "그리스 비율 속에 숨겨진 아름다움은 절대자의 진리와 일맥상통하는 것"이라고요. 그들의 아름다움은 종교적 진리와 마찬가지라는 선언이었지요.

　　그런데 그리스 석상에서 딱 한 군데 고개를 갸우뚱하게 하는 부분

• 기원전 1세기 제작된 〈라오콘 군상〉.
  섬세하게 조각된 근육질의 몸매지만, 성기는 무척 작게 묘사돼 있다.

이 있습니다. 신체 하나하나 아름다움 그 자체지만, 어째서인지 남성성을 상징하는 성기가 형편없는(?) 모양새이기 때문입니다. 명작이라고 불리는 〈다비드상〉도, 〈라오콘 군상〉도 모두가 미미한 생식기가 눈을 빼앗습니다.

그리스 석상으로 분류되는 작품 대부분은 유달리 성기를 작게 묘사했습니다. 예나 지금이나 큰 성기는 남성성의 지표라고 여기는데도 말입니다. 왜 고대 그리스인들은 그리스 남신을 '고개 숙인 남자'로 표현했을까요?

고대 그리스에서는
작은 성기가 사랑받았다?

우선, 고대의 성관념을 살펴보겠습니다. 고대 대부분 문명에서 성기는 크면 클수록 좋은 것이었습니다. 농경사회일수록 노동력이 많아야 했고, 다산多産은 선으로 통했기 때문입니다. 아무래도 큰 성기가 다산과 쉽게 연결됐지요.

구석기 시대에 만들어진 〈빌렌도르프의 비너스〉를 봐도, 가슴과 성기가 비정상적으로 크게 묘사돼 있는 걸 볼 수 있습니다. 고대 이집트에서도 큰 성기로 묘사된 신의 모습을 종종 볼 수 있지요. 라이벌 관계였던 페르시아에서도 마찬가지였습니다. 이들에게 성기는 '대대익선'大大益善이었습니다.

그런데 도대체 왜 고대 그리스 로마에서만 성기를 유독 작게 그렸을까요? 그리스 석상의 작은 성기는 학자들에게도 '핫이슈'였습니다. 수

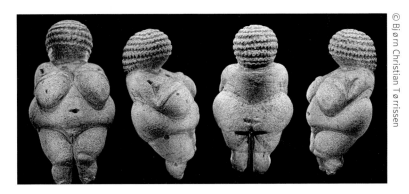

• 성기를 극단적으로 크게 묘사한 〈빌렌도르프의 비너스〉.

• 기원전 4세기 고대 그리스 조각가
  리시포스가 조각한 작품.
  청년의 작은 성기가 인상적이다.

많은 미술사학자가 이 주제에 천착해 연구를 진행하기도 했습니다. 격론이 오갔고, 결론이 나왔습니다. "고대 그리스인들은 작은 성기를 매우 아름답다고 여겼다"고요.

그들의 사고방식을 좀 더 들여다볼까요. 고대 그리스는 철학의 나라였습니다. 이들에게 남성성은 두 가지로 압축됩니다. 신체 단련을 통한 근육질 몸매와 합리적 사고로 무장한 이성이었습니다. 근육질 몸매와 이성은 서로 극명히 다른 요소로 보이지만, 사실 인간의 의지로 아름답게 빚어낼 수 있다는 점에서는 하나로 연결됩니다. 고대 그리스인들은 불굴의 의지로 섹시한 근육질 몸매를 만든 사람과 이성과 철학을 겸비한 시민을 최고의 남자로 쳤던 것입니다.

반면 이들에게는 원초적인 욕망에만 집착하는 사람은 교양 있는 그리스 시민이 아니었습니다. 성기는 욕망의 지표였기에 그만큼 작아야 했지요. 성장하지 않은 아이의 성기가 가장 '이상적인 것'이라고 표현했을 정도입니다. 『그리스의 동성애』를 쓴 케네스 도버는 "그리스인들에게 거대한 성기는 그저 멍청하고 탐욕적이며 흉한 것"이라고 표현했습니다. 성기의 대대익선 이데올로기가 그리스에서만큼은 소소익선이 된 셈입니다.

고대 로마에서는
작은 여자도 사랑받았다

소소익선의 흐름은 여성에게도 적용됩니다. 고대 그리스의 문화를 계승한 로마로 가봅니다. 고대 로마에서 가슴이 풍만한 여성은 환영받지 못

• 고대 로마 시절 여성들이 운동하는 모습을 그린 모자이크 작품. 브래지어를 한 모습이
  최초로 그려진 그림으로도 유명하다. 당시 로마에서는 작은 가슴을 가진 여성들이
  인기를 끌었던 것으로 전해진다.

했습니다. 로마 풍자시인 마르티알리스는 "여성의 가슴은 한 손으로 잡
을 수 있어야 한다"는 말을 남겼을 정도입니다. 현대 사회의 성인지 감수
성으로 보자면, 공분을 살 만한 발언이지만, 당시 로마 사람들의 이상형
을 엿볼 수 있습니다.

로마 여성들 역시 당대 미의 기준에 자신의 몸을 맞추기 시작합니다. 천
과 붕대로 가슴을 세게 묶어 가슴이 자라는 걸 막았다고 전해지지요. 일
각에선 브래지어가 고대 로마에서 시작됐다고 분석하기도 합니다.

태조 왕건이 왕건(?)이
아니었다고?

고대 그리스의 작은 성기 예찬은 이역만리 한반도에서도 이어집니다. 바로 고려시대입니다. 2000년 전 그리스와 1000년 전 고려가 무슨 연관이냐고요? 해답을 찾기 위해서 1992년으로 가겠습니다. 당시 북한에서 청동 조각상 하나가 발견됩니다. 역사학계를 발칵 뒤집을 만한 일이었습니다. 고려를 세운 태조 왕건을 묘사한 동상이었기 때문입니다.

하지만 학계가 주목한 건 따로 있었습니다. 바로 왕건의 성기였지요. '최고존엄'인 왕의 동상인데도, 성기가 거의 눈에 보이지 않을 정도인 2센티미터로 작게 묘사돼 있었기 때문입니다. 직전 왕조인 신라의 지증왕이 거의 30센티미터에 달하는 성기를 가지고 있었다는 기록이 있었을 정도로 고대 한반도에서도 큰 성기가 대접을 받았다는 점을 감안하면 매우 이례적인 일이었습니다.

고려에 반감을 갖고 있던 반골 세력이 "왕건은 왕건(?)이가 아니"라며 폄훼하려던 것이었을까요? 전혀 아니었습니다. 답은 불교 문화에서 찾아볼 수 있습니다.

노명호 서울대 국사학과 명예교수는 이 왕건상이 당시 불교 문화가 집약된 결과라고 말합니다. 불교에서는 부처가 갖춰야 할 신체 특징 서른두 가지를 '32대인상'으로 규정합니다. 그 특징 가운데 하나가 '마음장상馬陰藏相'이었습니다. 말馬의 남근陰처럼 성기가 오그라들어 몸 안에 숨은藏 형상相을 뜻합니다(말이 성기를 숨기고 있다는 것도 의외의 사실입니다). 도가 통하여 깨달음을 얻으면 하체의 양기가 머리 쪽으로 올라가 성기가 아주 작아지는 경지에 이른다는 것입니다.

불교국가였던 고려에서 왕건의 성기를 아주 작게 표현해 "부처와 같은 깨달음을 얻은 자"라고 존경을 표했던 셈이지요. 태조 왕건상과 그리스 석상의 연결고리입니다.

모든 것은 아름답다, 큰 것도 작은 것도

고대 그리스와 로마, 그리고 고려. 세 나라가 그린 미의 이상형을 돌아보면서 사색합니다. 이상적인 미는 시대의 흐름에 따라 언제든지 변할 수 있다는 것을요. 영국 미술사학자 엘렌 오렌손 역시 "큰 성기가 남성적이라는 건 현대인의 상상"이라고 남성들을 위로(?)합니다.

남녀 갈등이 극단으로 치닫는 시대입니다. 한국 남성을 조롱한다면서 작은 성기를 의미하는 손가락 모양 로고를 사용한 커뮤니티도 있었습니다. 행여 현실에서 당신을 조롱하는 사람을 만난다면, 웃으면서 이렇게 말해보는 건 어떨까요. "우리는 고대 그리스인들이 숭상한 미美 그 자체이면서, 부처의 깨달음을 얻은 자"라고요.

2

아이를 낳은
여자 교황이 있었다?

✳✳✳

◇ 가톨릭에서는 '여교황' 요안나의 전설이 전해진다. 여성의 몸으로 교황에 오른 뒤 아이를 낳았다는 이야기다.
◇ 가톨릭은 금녀의 영역이기에 불가능한 이야기다. 하지만 많은 사람이 요안나의 전설을 믿었다.
◇ 중세 유럽에서 몇몇 여성이 교황들과 문란한 관계를 맺고 교황청을 흔들던 이야기들이 요안나의 전설로 이어졌다는 해석도 있다.
◇ 현대의 많은 여성이 가톨릭 서품을 받기 위해 도전 중이다. 언젠가는 여교황이 진짜 탄생할지도 모를 일이다.

교황 즉위에 고환을 확인했다?
교황 '요안나' 진실 게임

어느 때보다 경건한 자리였습니다. 새로운 교황이 베드로 대성당에서 라테라노궁까지 행차하는 자리였기 때문입니다. 사람들은 그의 위엄을 지켜보았고, 모두가 그의 축복을 받고 싶어 했습니다. 주름이 가득한 노인부터 젖살이 통통한 아기까지 노소를 가리지 않았지요. 성호를 그으면서 자신의 삶이 축복으로 가득하기를 기원하고 있었습니다.

　그런데 말을 타고 행차하던 교황의 표정이 심상치 않습니다. 배를 부여잡더니 말 위에서 비명을 지르기 시작했지요. 결국 고통을 참지 못하고 말에서 떨어집니다. 수행원들이 놀라 교황의 안위를 살폈습니다. 사타구니 사이로 피가 쏟아졌지요. 이윽고 무언가가 툭 하고 떨어집니

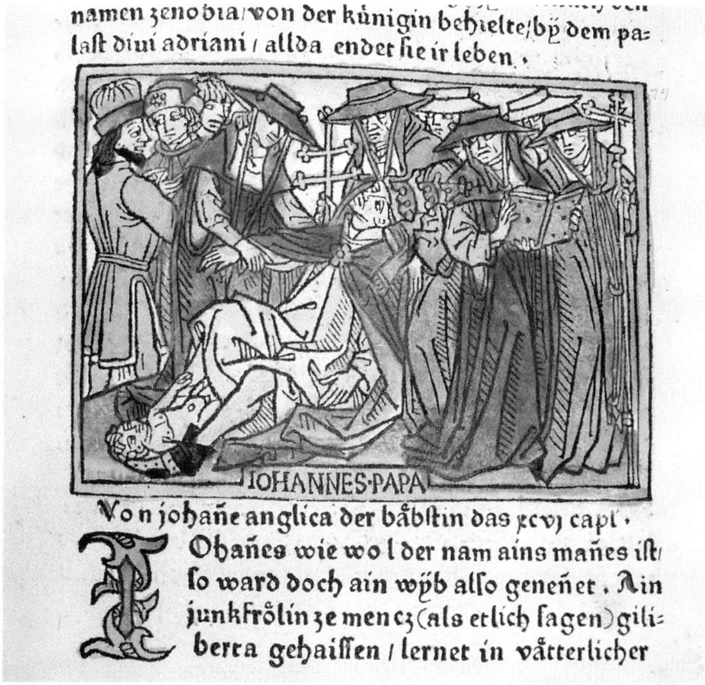
namen zenobia/von der künigin behielte/bÿ dem pa:
laſt diui adriani / allda endet ſie ir leben.
IOHANNES·PAPA
Von johañe anglica der bäbſtin das xcvj capi.
Ohañes wie wol der nam ains mañes iſt/
ſo ward doch ain wÿb alſo geneñet. Ain
junkfrölin ze mencz(als etlich ſagen)gili:
berta gehaiſſen / lernet in vätterlicher

• 여교황 요안나가 길거리에서 아기를 낳는 모습을 묘사한 삽화. 조반니 보카치오가 신화적, 역사적 여성에 대해 쓴 전기 모음집 『유명한 여성De Mulieribus Claris』(1362)에 수록되었다.

다. 그리고 들리는 소리. “응애, 응애.”

교황이 아이를 낳은 것이었습니다. 여자의 몸이었던 그녀가 신분을 속이고 남장을 한 채 교황이 되었다는 이야기지요. 857년 교황 요한이자 여교황 요안나로 불리는 존재의 이야기입니다. 가톨릭 수뇌부는 엄연히 ‘금녀의 공간’입니다. 어쩌다 이런 전설이 퍼졌을까요?

다시 요안나의 전설부터 살펴볼까요. 출산 이후 놀란 사람들이 요안나를 때려죽입니다. 자신들을 속였다는 분노에서였지요. 어쩌면 그녀가 마녀일지도 모른다는 두려움이 있었을지도 모릅니다.

　발칵 뒤집힌 건 교황청도 마찬가지였습니다. 그 이후부터 가톨릭에
서는 교황 즉위에 사용할 의자를 만들었습니다. 변기처럼 가운데를 뚫어
교황 후보자의 고환을 확인하기 위해서였습니다. 의자의 이름은 '세디
아 스테코라리아sedia stercoraria'. 하위 성직자가 교황 후보자의 고환을 확
인하고는 이렇게 외칩니다. "그분은 두 개를 가지고 있으며, 그것들은 제
대로 늘어져(?) 있노라."

• 1644년 즉위한 교황 인노첸시오 10세를 묘사한 것으로 알려진 삽화.
의자 아래에서 하위 성직자가 교황의 고환 유무를 확인하고 있다.

요안나의 전설은 사실과 거짓이 섞여 있는 페이크 뉴스와 같습니다. 우선 여교황 요안나의 이야기는 진실이 아닙니다. 당시 연대기에 나왔던 시기에는 엄연히 다른 남자 교황들이 자리를 굳건히 지키고 있었습니다. 당대 수사인 마르티니는 1265년 서술한 『교황과 황제 연대기』에서 여교황 요안나가 855년과 857년 재위했다고 했지만, 이 시기에는 레오 4세와 베네딕토 3세가 버젓이 통치했음이 교황청 공식 기록으로 남아 있습니다.

객관적인 자료에도 불구하고, 당대 사람들은 여교황 요안나가 전실

• 머리 아홉 달린 괴물을 타고 있는 요안나의 모습. 여교황 요안나는
중세 시절 괴물로 묘사되면서 가톨릭을 비판하는 무기로 활용됐다.

이라며 굳게 믿었습니다. 이와 관련된 문헌도 여럿 남아 있지요. 마르티니의 연대기가 대표적입니다. 교황이 여자라는 파격적인 주제 때문이었는지 필사본이 유럽 전역으로 퍼져 나갔습니다. 당시 이 이야기가 구전되면서 여교황의 아들이 살아서 주교가 되었다거나 여교황 요안나가 죽지 않고 도망쳐 한 수도원에서 살고 있다는 변형된 버전이 퍼졌습니다.

　　장 드 메일리라는 도미니코회 수도자가 쓴『보편적인 메츠 이야기 Chronica Universalis Metensis』도 요안나의 이야기를 퍼뜨린 대표적인 작품 중에 하나입니다. 교황 즉위에 사용됐던 변기 모양의 의자 세디아 스테르코라리아도 실존해 전해지는 탓에 이 전설에 더욱 힘이 실리는 모양새였습니다(이 의자의 용도를 정확히 파악하지는 못하고 있습니다).

● 1450년 무렵 이탈리아 밀라노에서 제작된 비스콘틴 스포르차 타로카드에 여교황 모습이 묘사돼 있다. 이 타로카드는 현존하는 가장 오래된 작품 중 하나다.

　　종교개혁가들은 이 여교황 이야기를 무기 삼아 가톨릭을 정면 비판하면서 공세를 강화했습니다. 대표적인 인물이 현 체코 지방인 보헤미안 출신 종교개혁가 얀 후스였습니다. 여교황 '가짜 뉴스'가 진실로 굳어진 계기가 된 셈이지요.

교황청 섹스 스캔들 일으킨
여성이 모티브?

여교황 이야기 그 자체는 거짓일 가능성이 크지만, 전혀 뜬금없지는 않습니다. 모티브가 된 사건이 있어서입니다. 교황청 수뇌부를 뒤흔든 여성의 이야기입니다. 904년 교황 세르지오 3세 시절이었습니다. 누구보다 도덕적이어야 할 교황에게는 애인이 있었지요. 귀족 여성 마로치아였습니다(당시 가톨릭 종교인들은 애인을 여럿 둔 경우가 많았습니다).

마로치아는 당시 로마 교황청 유력 인사 여럿과 성적인 관계를 맺고, 자신의 입김으로 여러 인물을 교황 자리에 올렸습니다. 단적인 예로 교황 레오 6세는 마로치아와 성적인 관계를 맺고 교황에 올랐습니다. 이후 다른 이성과 또 다른 관계를 맺다가 마로치아에게 발각됐습니다. 마로치아는 레오 6세를 가둬 교살했다고 전해집니다. 전형적인 국정 농단, 아니 교정 농단이었지요.

● 교황 요한 12세와 정부 마로치아.
　성직자를 유혹하는 여성을 그린 그림.

마로치아가 지배하는 교황청의 상황을 빗대 창부정치娼婦政治, pornocracy(포르노크라시)라고 불렀습니다. 성스러워야 할 교황청이 섹스와 살인 스캔들로 몸살을 앓고 있었던 것이지요. 당시 로마 사람들은 교황청에 여교황이 있다고 말했을 정도였는데, 이 같은 정치 투쟁이 여교황 요안나 전설로 이어졌다는 설명입니다.

여교황 이야기, 현실 불가능한 전설에 불과할까

여교황 요안나 이야기는 현대 사회의 우리에게 많은 질문을 던집니다. 여성 신부와 교황의 가능성에 관해서입니다. 현대 여성들은 가톨릭의 금녀 영역에 도전하기 시작했습니다.

마침내 결실을 본 사건이 있었지요. 2002년 6월 로몰로 안토니오 브라스치 주교와 페르디난트 레겔스베르거 주교가 일곱 명의 여성을 로마가톨릭 사제로 서품한 것입니다. 헝가리 다뉴브에서 서품이 이뤄졌기에, 이들을 '다뉴브 세븐'이라 부릅니다.

로마 교황청은 이들을 즉각 파문했습니다. 바티칸 신앙교리성을 이끌던 요제프 라칭거 추기경, 우리에게도 유명한 베네딕토 16세가 이를 주도했지요.

이후 다뷰느 세븐은 전 세계 여성 사제 서품 운동을 벌이고 있습니다. 이 시대의 새로운 종교개혁인 셈입니다. 예배와 풍습은 가톨릭과 유사하나 교리와 관행은 개혁교회의 성격을 띠는 대한성공회는 2001년 부산교구 민병옥 카타리나의 사제 서품을 시작으로 20년 동안 여성 사제 스물네 명을 배출했습니다. 이 역시 1990년부터 이어진 투쟁의 결과물입니다.

여성 서품을 반대한 전임 교황 베네딕토 16세가 2022년 12월 31

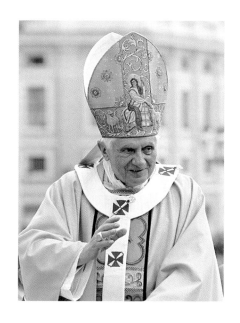

• 여성 차별이라는 비판에도 불구하고
여성 사제의 서품 반대 입장을
명확히 했던 교황 베네딕토 16세.

일(현지 시간) 선종했습니다. 위기에 빠진 가톨릭을 다시 일으켜 세운 원칙주의자, 세상의 흐름에 뒤처진 꼴통. 상찬과 힐난이 동시에 그에게 쏟아졌습니다.

2001년 논란의 중심에서 그는 이렇게 대답합니다. "여성 사제 서품을 하고 싶지 않다고 말하는 게 아닙니다. 우리가 할 수 없다고 저는 말합니다. 열두 사도를 남자로 한 건 예수님이 만드신 틀입니다." 사실상 거절 의사를 명확히 한 것이었습니다.

보수의 대들보 베네딕토가 세상을 떠났고, 진보적 교황으로 이름난 프란치스코가 전 세계 가톨릭을 지도하는 지금. 여전히 가톨릭 중심은 금녀禁女의 영역입니다. 그럼에도 요안나의 존재는 새로운 상상을 하게 합니다. 여성이 가톨릭의 수장인 교황의 자리에 오르는 장면을 떠올립니다. 너무 불순하고, 전위적인 생각일까요. 베네딕토 16세가 지키고자 했던 원칙을 우리가 너무 쉽게 외면하는 것일 수도 있겠습니다. 하지만 세

• 미국 뉴올리언스에서 열린
축제에서 한 여성이 임신한
여교황 코스프레를 하고 있다.

상은 변하기 마련이고, 새로운 틀을 마련하지 않으면 갈등은 더욱 커지기 마련입니다. 그의 뜻을 전적으로 동의하는 건 아니지만, 베네딕토 16세의 영면을 기원합니다.

3

성스러운 사원에서
매춘을?

✳✳✳

◇ 고대에는 종교 사원에서 매춘을 했다. 신성 매춘이었다.
◇ 중세 유럽에서는 교회에서도 성매매가 이뤄졌다.
◇ 매독과 종교개혁으로 매춘이 주춤해졌다.
◇ 이젠 인형, 로봇이랑 하는 매춘도 생길 것 같다.

교회에서 공공연히
성매매가 이뤄진 이유

여행자는 몹시 지쳐 있었습니다. 성지로 향하고자 하는 의지는 몰아치는 비바람에 희미해졌고, 새 사람으로 거듭나겠다는 목표는 녹이 슬었습니다. 지쳐 있던 그의 눈에 들어온 건 한 교회의 수도원. 추운 몸을 녹일 방이 절실했고, 주린 배를 채울 따뜻한 수프 한 그릇이 머릿속을 가득 채웠지요. 마치 하나님이 길 잃은 양에게 빛을 내린 듯했습니다.

기대를 안고 들어간 수도원이었습니다. 놀랍게도 그곳에는 속살이 훤히 비치는 여성이 요염한 표정으로 누워 있었습니다. 잘못 들어왔나 싶어, 여행자는 다시 현관으로 나갔지요. 눈을 비비고 다시 건물을 보았습니다. 여전히 그곳에는 거룩한 하나님의 상징인 십자가가 있었습니다.

● 영국의 윈체스터 대성당. 인간의 욕망을 통제하던 시대,
　중세 유럽의 수도원은 그 욕망을 분출하는 창구 노릇을 했다.

그렇습니다. 공공연히 매춘 행위가 이뤄지고 있는 장소는 하나님의 가르침을 되새기는 수도원이었습니다.

13세기 중세 유럽에서 일어난 일입니다. 인간의 욕망을 완전히 통제하는, 소위 '암흑기'로 불리는 중세 유럽의 수도원에서 어떻게 공공연한 성매매가 이뤄질 수 있었을까요? 현대 사회에서 일어났다면 모든 언론이 이를 사회면 머리기사로 다루겠지만, 당시 상황은 달랐습니다. 사회 구성원들이 이를 묵인했기 때문입니다.

'성性'이라는 관념은 늘 당시 사회의 문화·경제·정치적 맥락에 따라 다르게 해석됐습니다. 매춘을 둘러싼 생각은 고대와 중세 그리고 현대에 끊임없이 변화했다는 의미입니다.

'신성 매춘'의 시작

매춘에 대한 기록은 인류 최고最古의 문명에서부터 발견됩니다. 바로 수메르였습니다. 기원전 2400년, 수메르 우루크에서는 사제들이 매춘 업소를 운영했다는 기록이 전해집니다. 신을 모시는 사원에서였습니다. 수메르 문명의 이야기가 모아져 있는 『길가메시 서사시』에는 이런 구절이 나옵니다. "유녀는 가슴을 풀어 헤치고 음부를 열었다."

유녀들은 사원에 거주하면서 환대 매춘을 한 것으로 전해집니다. 주로 여행자나 순례자를 대상으로 성적 서비스를 제공했던 것입니다. 이처럼 고대에는 성聖스러움과 성性스러움이 구별되지 않았습니다. 성의 생식 능력은 자연이 준 선물로 주술적 힘이 있다고 생각했기 때문입니다.

당시에는 신전에서 신이 주신 능력을 찬양하면서 성적 관계를 맺는

건 자연스러운 일이었습니다. 학자들이 이 당시 사원에서 이뤄진 매춘을
'신성 매춘Sacred Prostitution'이라고 부른 이유입니다.

　『역사는 수메르에서 시작되었다History Begins at SUMER』(1956년)를
쓴 저명한 수메르 학자 새뮤얼 노아 크레이머는 "수메르의 왕들이 사랑
과 전쟁의 여신 이슈타르 사원에서 성교하면서 권위를 과시했다"고 말
했습니다.

고대 그리스 매춘에서
'포르노'가 나왔다

우리에게 친숙한 그리스에서도 마찬가지였습니다. 코린토스의 남쪽 가장 높은 곳, 아크로코린토스에 있던 아프로디테 신전에서 매춘 행위가 이뤄졌습니다. 그곳 신전의 유녀들은 '헤타이라hetaira'로 불렸습니다. 그들은 신전에서 몸을 팔고 그 돈을 아프로디테에게 봉헌했지요. 의복을 바르게 입었고, 언행이 고상했기에 저잣거리의 매춘 여성들과는 그 급이 달랐습니다.

　돈 없는 그리스 사내들이 자주 찾는 매춘 여성도 있었습니다. 이들

• 아크로코린토스 유적지. 아프로디테 신전이 있었다.
　이곳에서 신전 소속 유녀들은 몸을 팔고 벌어들인 돈을 아프로디테 신에게 봉헌했다.

• 고대 로마인들은 정복지 여성들을 노예 시장에서 전시해놓고 판매했다. 그림은 프랑스 화가 장레옹 제롬의 1884년 작품 〈고대 로마의 노예 시장slave market in rome〉.

은 '포르노이Pornoi'로 불렸습니다. 고급 유녀인 헤타이라와 구분 짓기 위해서였지요. 포르노이를 찾는 단골손님들의 생활, 습관, 행동을 기록한 기록물이 바로 '포르노그래피'였습니다. 우리말로 풀면 일종의 성매매 장부인 셈이지요. 성관계 영상과 이미지를 뜻하는 '포르노'가 바로 여기서 파생했습니다.

그리스를 계승한 고대 로마는 제국이었습니다. 틈나는 대로 전쟁을 벌였고, 전 유럽을 자신의 앞마당으로 만들었지요. 브리튼 섬에서부터 튀르키예 지역까지 곳곳에서 노예들이 쏟아져 나왔습니다. 자연스레 여성들을 성노예로 팔기 위한 시장이 형성됩니다.

노예상들은 여자들을 잘 보이는 곳에 전시했습니다. '팔기 위해 전시하다'는 뜻의 라틴어인 '프로스티투테prostitute'가 매춘부를 의미하는 '프로스티튜트'로 변용된 배경입니다. 고대 그리스와 로마 매춘의 역사가 현대 언어에까지 그 흔적을 남긴 셈입니다.

중세 유럽에서는
교회가 포주였다

중세 유럽에서 매춘은 변화를 맞이합니다. 기독교가 중세인의 삶을 억죄기 시작해서였습니다. 그들은 매춘을 '악'으로 여겼습니다. 일반인 여성과 유녀를 구별 짓기 위해 유녀들에게 특별한 옷을 입히기도 했지요. 영국 브리스톨 유녀들은 줄무늬 망토를 입어야 했고, 프랑스 마르세유에서는 줄무늬 후드를 입혔습니다.

왜 하필 줄무늬였을까요? 구약성경에서 "두 직물로 직조한 옷을 네

몸에 걸치지 말라"(레위기 19:19)고 말했기 때문입니다. 여러 직물로 만든 줄무늬 옷은 그야말로 '악마의 옷'이었죠. 누구보다 주변인인 성매매 여성에게 잘 어울렸다고 판단한 것입니다.

그렇다고 중세 시대에 매춘을 무조건 배척하기만 한 것은 아닙니다. 성매매 여성이 사라질 경우 '정숙한 여성'들이 해를 당할 수 있다면서 '필요악'으로 여겼습니다. 기독교 역사에서 가장 중요한 교부로 통하는 성 아우구스티누스 역시 '필요악으로서 성매매'를 옹호한 사람입니다.

국가와 교회는 결국 성매매를 배척하기보다 관리하기로 결정했습니다. 프랑스 파리와 툴루즈, 영국 런던 등 유럽 주요 도시에는 성매매

• 중세 시대 화가 요아킴 베케라르(1533~1570)의 〈매음굴Brothel〉.
  중세 유럽에서는 매춘 여성들을 일반인과 구분하기 위해 특정 옷을 입도록 강요했다.
  그림에서 흰 모자를 쓴 여성들은 모두 성매매 여성이다.

● 크로스본스 묘지에 잠든
성매매 여성이 그려진 모습.
그들은 '윈체스터 거위'로
불렸기에 그림에도 거위가 있다.

집결지인 '유곽'이 자리 잡게 됩니다. 모두 국가와 교회가 관리하는 지역이었습니다. 유곽을 따로 둔 것은 성폭력이 만연하지 않게 하려는 목적이었습니다.

　하지만 어느 순간부터 유곽은 국가와 교회의 돈벌이 수단으로 전락합니다. 1161년 영국 윈체스터 주교는 매춘업을 허가할 수 있는 권한을 얻기도 했습니다. 주교가 일종의 성매매 허가 권한을 얻게 된 것입니다. 물론 성매매 수익의 일부는 교회로 갔을 테지요. 매춘부를 뜻하는 속어인 '윈체스터 구스(거위)'의 어원이 여기에 있습니다.

　일부 지역 신부와 수녀들은 자신들의 건물을 성매매 장소로 대여하기도 했습니다. 수익성에 모두가 눈이 먼 시대였습니다. 영국 전역에서 교회 내부에 매춘이 만연했지요. 케임브리지대학교 총장의 임무 중 하나가 매춘을 관리하는 것이었을 정도였으니까요(당시 대학은 교회의 부설기관이었습니다). 14세기 스웨덴의 성 브리기타 수녀는 "수녀원이 신성하기는커녕 유곽에 가깝다"고 일갈하기도 했습니다.

교회의 관리를 받은 유녀들은 죽어서까지 '이방인'이었습니다. 윈체스터 지역의 가톨릭 신부들은 유녀들이 사망하면 장례미사를 거절합니다. 미사를 받지 못한다는 건 "지옥에나 떨어져라"라는 저주나 다름없었지요.

유녀들의 시신은 동정심 가득한 시민들에 의해 한곳에 모아졌습니다. 예나 지금이나 어려운 사람의 마음은 어려운 사람이 이해하는 법입니다. 지금도 런던 크로스본스 지역에는 중세 시대부터 근세까지 장례미사를 거절당한 유녀들의 집단 묘지가 남아 있습니다.

매독과 종교개혁
매춘에 타격을 가하다

날개를 단 매춘에도 위기는 찾아옵니다. 성병 '매독'이 등장하면서입니다. 1492년 콜럼버스가 신대륙을 발견한 이후 매독이 처음으로 유럽 땅에 발을 디딥니다(신대륙에서 온 것인지 유럽에서 자연 발생한 것인지는 아직도 학설이 분분합니다).

프랑스가 이탈리아를 침략하면서 이탈리아전쟁까지 발발하자 매독은 맹위를 떨칩니다. 자연스레 난잡한 성교가 이뤄지는 성매매 집결지가 매독의 온상으로 비난받게 됩니다. 1546년 런던에서, 1560년에는 파리에서 공창이 폐지됩니다. 16세기 독일의 헬레나 로우볼딘이라는 매춘 여성은 성매매를 하다가 적발돼 손가락이 잘리고 거리에서 추방까지 당합니다.

가톨릭의 방종한 성생활을 비판한 종교개혁이 유럽에 퍼지면서 매춘은 점점 설 자리를 잃어갑니다. 종교개혁을 폭발시킨 마르틴 루터는 "모두가 정화되고 있는 이때 우리 기독교인들이 사회 한복판에 유곽을 용인하는 건 슬픈 일"이라고 말했습니다.

100년 후 매춘은
어떤 모습일까

개혁의 불꽃은 오래가지 않았습니다. 인간의 성적 욕망은 쉬이 멈추지 않았지요. 의학의 발전으로 성병은 이제 치료 가능한 질병이 됐습니다. 인간은 마음 놓고 매춘할 계기가 생긴 셈이지요.

영어에서 성매매 여성을 의미하는 '후커'에도 재미있는 일화가 있습니다. 후커는 미국 남북전쟁 당시 북군의 장군이었습니다. 그는 규율 없이 파티만 즐기는 날라리였지요. 자연스레 성매매 여성들이 그의 부대를 따라 다닙니다. 장군의 이름은 조지프 후커. 주민들이 이 여성들을 보고 '후커 장군의 부대'라고 해서 후커라고 불렸다는 설명이지요.

미국에서는 유명한 일화이지만, 사실 이 이야기는 사실이 아닙니다. 후커 장군이 등장하기 이전인 1845년 이미 후커라는 말이 사용됐기 때문입니다. 오히려 뉴욕 맨해튼의 코르리어스 훅이라는 지역의 뱃사람을 상대로 하는 성매매 여성이 많았다고 합니다. 이 지역의 이름을 따서 후커라는 말이 생겼다는 설명이지요.

현대 사회에도 강한 저항을 받지만 매춘은 여전히 사회 곳곳에 퍼져 있습니다. 최근에는 섹스로봇과 섹스인형까지 등장합니다. 신의 공간에서 시작된 매춘이 이제는 공상과학 영역까지 퍼진 셈입니다. 100년 뒤 매춘은 어떤 모습일까요.

4

나치가 포경한 남자를
찾아 나선 이유

✱ ✱ ✱

◇ 포경은 고대 이집트에서 행해질 정도로 유서 깊은 행위였다. 이들의
  신 '레'는 포경을 한 존재로 여겼기에 신전에 입장하려고 하는 모든
  남자는 할례를 한 사람이어야 했다.

◇ 고대 그리스인들은 귀두 노출이 시민답지 못한 행위라 여겼다. 이들
  이 할례를 한 유대인을 혐오한 배경이다.

◇ 나치가 학살을 위해 유대인을 찾을 때 포경 여부로 그들을 색출하기
  도 했다.

◇ 현대에서는 포경 논란이 유희의 상징이지만, 역사적으로는 차별의 징
  표였다.

포경한 남자들이
학살의 표적이 된 배경

"바지를 벗으시오. 그리고 당신의 '징표'를 보여주시오."

사내는 짐짓 놀랐습니다. 유구한 문명을 자랑하는 이집트 신전에 관광차 갔는데, 입구에서 황당한 요구를 받았기 때문입니다. 군대 훈련소 신체검사 현장도 아니고, 그렇다고 목욕탕도 아닌데 바지를 벗으라니. 게다가 '징표'를 보여달라니. 이유를 묻자 더욱 어처구니없는 대답이 돌아옵니다.

"이곳은 성스러운 곳이오, 그러니 '수술'을 받은 신성한 남자만 들어올 수 있소."

발길을 돌릴 수밖에 없었습니다. '그 수술'을 받지 않아서입니다. 오히려 그는 수술받은 이들을 혐오했습니다. 남자의 이름은 피타고라스 (우리의 골머리를 앓게 한 그 수학자가 맞습니다). 그가 받지 않은 수술의 정체는 바로 '고래잡이', 포경수술이었습니다. 2500년 전 피타고라스가 이집트를 여행했을 때 겪은 일화입니다.

이집트 신전에서는 왜 할례割禮, 요즘 말로 포경수술을 한 남성에게만 입장을 허용했을까요? 고래잡이를 좋아했기 때문일까요? 미적으로 아름답다고 여겼기 때문일까요? 그리고 위대한 수학자 피타고라스는 왜 포경수술을 한 사람들을 혐오했을까요?

"귀두를 드러낸 자(?)만이
이 신전에 들어갈 수 있소"

최초의 할례는 1만 5000년 전으로 추정됩니다. 첫 등장은 부족 간 전쟁에서 패한 남성들에게 굴욕을 주기 위해서였습니다. 성기가 남성성의 징표인 만큼, 여기에 상처를 줌으로써 상대 부족의 위상을 꺾겠다는 목적이었습니다. 할례는 아프리카 동쪽인 에티오피아를 시작으로 이집트 문명까지 퍼진 것으로 분석합니다.

고대 이집트에서는 포경수술이 광범위하게 시행됐습니다. 수도였던 사카라에 있는 왕족의 무덤에는 할례의 이미지가 남아 있습니다. 때는 기원전 2400년 전, 할례에 대한 최초의 기록입니다. 일부 학자들은 이집트의 더운 날씨로 소변이 음경 포피에 남는 것을 방지하기 위해 수술했다고 말합니다. 오늘날 대한민국 남성처럼 위생을 이유로 포경수술

• 아프리카와 중동에서는 기원전부터 남성 성기의 포피를 벗기는 할례가 행해진 것으로 전해진다.
  사진은 콩고공화국에서 할례에 사용한 나무 칼. 19세기 말 추정 작품.
•• 이집트 카이로 인근의 사카라에 있는 고古왕국 시대 피라미드 내에 돌칼로 음경의 포피를
  벗기는 작업이 묘사돼 있다. 그만큼 할례의 역사가 유구하다는 증표로 여겨진다.

을 했다는 것이지요.

　그러나 할례는 청결보다 주로 신성神性의 관점에서 이뤄졌습니다. 고대 이집트의 장례 문서 중 하나인『사자의 서』에 묘사된 태양신 라(또는 레, Ra·Rah·Ré)는 포경수술을 한 신으로 묘사됩니다. 태양의 신이 할례를 받았다면, 그를 숭배하는 성직자들은 신에 대한 복속의 증거로 포경수술을 행해야 했습니다. 이 신전에 들어오려는 사람도 마찬가지의 '자격 요건'을 요구받았지요. 기원전 550년 신성한 책을 보기 위해 이집

트 신전을 찾은 천하의 피타고라스가 문전박대를 당한 배경입니다.

할례, 성스러운 이름으로

종교적 목적으로서 할례 문화는 고대 근동 세계로 퍼져 나갑니다. 이를 문화적으로 계승한 나라가 바로 유대인들이었습니다.(유대인이 고유의 문화를 발전시켰다는 우리 생각과는 달리, 당시 이스라엘의 신화와 성경에는 이집트와 메소포타미아 문명의 흔적이 짙게 배어 있습니다.) 이들은 이집트인들처럼 하느님에 대한 복종의 표시로 할례를 했습니다. 이와 관련된 히브리어 성경 구절을 보시죠.

> "모든 남자는 할례를 해야 한다. 너는 포피를 잘라내야 할 것이니, 그것이 너와 나 사이 약속의 증표가 될 것이다. 너희 중에 난 지 팔 일 만에 할례를 받아라. 남자는 포피를 베어내지 아니하면 그가 내 언약을 배반하였음이니라."
>
> _창세기 17:9-14

섬찟한 신의 경고였습니다. 유대인들은 민족적 시련을 겪을 때마다 율법으로 돌아가려 했죠. 하느님의 말씀만이 민족을 번성하게 할 유일한 수단으로 여겼습니다. 유대교에서 지켜야 할 중요한 계명인 '미츠바'에 할례가 들어가게 된 이유입니다.

창세기의 기록에 맞춰 유대인 아이들은 태어난 지 8일째 되는 날 할례를 받았습니다. 유대인이었던 예수 그리스도도 마찬가지였습니다. 기독교가 유럽의 경제·문화·사회를 지배하던 중세 유럽에서 예수 포

피는 가장 귀중한 유물 중 하나가 됐습니다.

　　로마의 산 조반니 인 라테라노 대성당을 비롯한 열 개 교회에서 "아기 예수의 포피를 보관하고 있다"고 주장하기도 했지요.(성기가 지네 다리도 아니고. 가톨릭의 무분별한 '성물' 주장은 종교개혁을 불러오는 계기가 됩니다.) 동방정교회에서는 예수의 할례를 기념해 1월 1일을 축일로 삼았습니다.

　　임신에 어려움을 겪은 귀족 여성들은 불임을 치료하고 출산의 고통을 줄인다는 이유로 신성한 포피가 보관된 교회를 찾았습니다. 잉글랜드의 성군으로 통하는 헨리 5세 부인 캐서린도 이를 통해 수혜한 것으로 전해집니다.

"감춰야 산다"
다시 '귀두 덮기' 나선 유대인

문명은 언제나 충돌합니다. 할례 문화를 혐오하는 이들이 있었습니다. 고대 지중해 세계의 절대 강자 중 하나인 그리스였습니다.

　　이유가 있습니다. 그리스인들은 성에 개방적인 민족이었습니다. 운동을 할 때도 나체 상태로 땀 흘리기를 즐겼습니다. 이는 근육질 남성의 몸을 찬미하고, 신에게 이를 바치는 행위로 여겼지요. 체육관을 뜻하는 영어 단어 'GYM'의 어원이 된 고대 그리스어 'gymnos(짐노스)'는 누드를 의미합니다.

• 17세기에 활동한 독일 화가 피테르 파울 루벤스가 그린 〈아기 예수의 할례〉(1605). 당시 유럽에서는 예수의 할례를 모티브로 한 예술 작품이 많았다. 요한 제바스티안 바흐는 〈주님의 할례Beschneidung des Herrn〉라는 칸타타(성악곡의 종류)를 남겼다.

그리스인의 나체에는 원칙이 있었습니다. 전부 벗되, 귀두는 보여서는 안 된다는 것이었습니다. 그들은 귀두를 보여주는 걸 흉하다고 여겼습니다. 운동을 할 때 혹여 귀두가 드러날 것을 우려해(운동하다가 무슨 생각을 한 걸까요), 포피 끝을 키노데스메kynodesme라는 끈으로 묶었을 정도입니다.

이런 그리스인들에게 포피를 일부러 제거해 귀두를 드러낸 이집트인들이나 유대인들은 경멸의 대상이었습니다. 고대 그리스가 절대 강자로 부상하면서 유대인들이 그들의 땅에 더부살이를 시작하자 사태는 악화했습니다. 그리스인의 미적 기준을 준수해야 했기 때문입니다.

고위직 장군이었던 안티오코스 4세 에피파네스는 할례 담당 랍비인 '모헬'을 돌로 때려서 죽였다는 기록도 전해집니다. 위대한 피타고라스도 만약 2022년의 대한민국을 찾았다면, 한국 남성들을 끔찍이 혐오

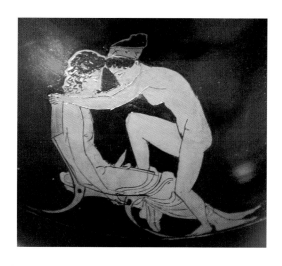

• 고대 그리스 항아리 암포라에 묘사진 성교 모습. 포경 안된 남성의 성기가 묘사돼 있다. 귀두를 노출하는 건 그들에게 치욕과도 같았다.

했을지도 모를 일입니다.

유대인들은 생존해야 했습니다. 방법을 고안합니다. '주데움 폰둠'이라는 황동으로 만든 깔때기 모양의 추를 이용하는 것이었습니다. 이를 남아 있는 포피 쪽에 매달면, 그 무게 때문에 살이 당겨져 귀두가 다시 덮일 수 있다는 계산이었습니다.

임시방편이 불안한 유대인들은 '에피파스모스'라는 수술을 단행합니다. '당겨서 덮는다'는 뜻의 그리스어로 일종의 포피 재건술이었지요. 강대국으로부터 오는 혐오를 피하기 위한 처절한 몸부림이었습니다.

• 귀두 노출 방지 끈 키노데스메를
  착용한 고전 그리스 운동선수의 그림.
  기원전 480년경 추정 작품.

나치가 유대인을
가려낸 방법

역사가 반복되듯 혐오도 반복됩니다. 약 2000년 후 민족 혐오는 더욱 끔찍한 방법으로 재현됩니다. 나치의 유대인 학살이었습니다. 1933년 1월, 히틀러가 독일의 정권을 잡습니다. 그는 공공연히 이야기합니다. "위대한 아리아인인 우리 독일인이 빈곤한 건 유대인 때문이다."

이제 독일 전 사회가 유대인을 색출하기 시작합니다. 처음엔 배제하기 위해서, 나중엔 학살이 목적이었습니다. 유럽의 기독교인은 할례를 하지 않았기 때문입니다. 독일 자경단들은 유대인으로 의심되는 집을 급습했습니다. 그들이 유대인임을 문서로 증명하지 못하면, 그 집 가장의 바지를 벗겼습니다. 포경수술을 받은 성기가 증거라고 여겨서였습니다.

학살이 가장 많이 일어난 폴란드에서 수천 명의 유대인들은 이를 피하고자 포피 재건술을 받은 것으로 전해집니다. 2000년 전 수술은 차별을 피하기 위해서였고, 2000년이 지난 후에는 생존을 위한 절박한 몸부림이었습니다. "역사는 진보한다"는 명제는 위선으로 가득한 문장입니다. 우리는 우스갯소리로 포경수술을 이야기하지만, 누군가에겐 애환의 상징임을 사색합니다.

5

'호랑이 힘' 콘푸로스트가
자위 방지용이라고?

*＊＊

◇ 세계인이 사랑하는 아침 식사 콘플레이크는 금욕주의자 존 하비 켈로그가 만들었다.
◇ 그는 곡물로 된 이 음식이 자위를 방지하고 속을 편안히 해줄 것이라고 믿었다.
◇ 당시 미국에서는 금욕주의적인 음식 열풍이 불었다. 그레이엄 크래커 역시 그중 하나였다.
◇ 존 하비 켈로그의 콘플레이크로 돈을 번 사람은 존의 환자 포스트와 동생 윌 켈로그였다.

달콤한 아침 메뉴의 두 얼굴

'막아야 해⋯ 반드시⋯ 그들의 자위행위를.'

1877년 미국 미시간주의 한 요양원. 말쑥하게 생긴 한 젊은 의사가 깊은 고민에 빠져 있습니다. 환자들의 '은밀한 손장난'을 막을 방법을 찾느라 데 무진 애를 쓰고 있었던 것입니다.

성욕과 식욕은 만악의 근원이자 건강의 적이라는 게 그의 소신이었습니다. '자위행위가 건강에 안 좋다'는 견고한 믿음도 있었지요. 이 두 욕망을 절제시킬 수 있다면, 요양원에 모인 미국 최고 부호들의 건강을 지킬 수 있다고 생각했습니다.

이런 깊은 믿음을 토대로 식욕(과 성욕) 억제를 위한 메뉴 개발에 나섭니다. 우리에게도 익숙한 시리얼의 일종 콘플레이크의 시작입니다. 이를 개발한 젊은 의사의 이름은 존 하비 켈로그. "호랑이 힘이 솟아난다"는 콘플레이크의 시작이 "자위행위를 막아야 한다"는 켈로그의 '숭고한'(?) 목적에서 시작된 셈입니다.

그렇다면 켈로그는 왜 '자위'를 막을 메뉴에 혈안이었을까요?

젊은 의사 존 하비 켈로그가 '엉뚱한' 자위 혐오자인 것은 아니었습니다. 당시 미국에서 성욕과 식욕이 건강을 해친다는 믿음은 점점 인기를 얻는 보편적인 생각이었기 때문입니다.

• 1881년 29세의 존 하비 켈로그를 그린 초상화.

• "술이 인간을 마신다." 미국의 석판화가 너새니얼 커리어의 1846년 작품으로 알코올에 빠지는 삶의 단계를 그렸다.

19세기 미국에 불어닥친
탐욕 자제 운동

"고기를 먹으면, 사람이 음탕해집니다."

19세기 미국은 매춘과 육식, 과도한 음주가 만연한 사회였습니다. 세상이 욕망에 빠져들수록, 이에 반기를 드는 사람도 늘어나는 법이지요. 미국은 청교도Puritan들이 세운 나라인 만큼, 하나님의 본래 뜻대로 살아가자는 목소리도 그만큼 높아졌습니다. '템퍼런스 무브먼트Temperance movement'라고 불리는 절제 운동의 시작이었습니다.(이 운동이 노동자들을 술로부터 단절시켜 근로 윤리를 고취하려는 자본가 계급의 시도에서 시작됐다는 사회학적 해석도 있습니다.)

템퍼런스 무브먼트 초기는 알코올 절제 운동에서부터 시작됩니다. 이 운동이 힘을 얻으면서 점차 성욕, 육식 등 많은 쾌락들이 교정의 대상으로 여겨지기 시작합니다. 알코올 절제, 매춘 근절, 육식 자제까지 나아가는 범탐욕 자제 운동이었지요.

육류가 왜 탐욕의 근원이냐는 의문이 드실 수 있겠습니다. 종교에 배경이 있습니다. 기독교 사회에서는 육류를 '뜨거운 고기'라면서 성욕과 강하게 연관돼 있다고 여겼습니다. 성 아우구스티누스의 "고기에 대한 왕성한 식욕은 정욕의 효모"라는 말이 이를 단적으로 증명합니다.

이 때문에 템퍼런스 무브먼트는 주로 종교계가 주도합니다. 제칠일안식일예수재림교가 대표적이었습니다. 이들은 종교적 신념에 맞춰 육식을 배제하는 채식주의를 내세웠습니다. 존 하비 켈로그 역시 이 종파의 신자였지요. 제칠일안식일예수재림교가 세운 배틀크릭요양소의 대표 관리인으로 근무한 그가 쾌락의 대표적인 양태인 육식과 자위행위를 혐오한 것은 당연한 수순이었습니다.

채식 열풍도 함께 불었다

"채식만이 신이 원하시는 식단입니다."

존 하비 켈로그가 식단 개혁을 외친 미국 최초의 선구자는 아니었습니다. 앞서 '신앙인다운 식사'를 고안한 이가 있었기 때문입니다. 장로교 목사였던 실베스터 그레이엄이 그 주인공입니다. 굵게 빻은 밀로 만든 빵과 오직 채소만을 먹는 것이 하나님이 의도하신 방식이라고 그는 생각했습니다.

그레이엄은 항상 성경을 삶의 나침반으로 삼았습니다. 특히 창세기

• 19세기 미국의 금욕주의 운동을 이끈 대표적 인물인 실베스터 그레이엄 목사.
  그는 켈로그에 큰 영향을 끼쳤다. 1880년 작품.
•• 그레이엄 크래커. 크래커의 최초 제품 중 하나다.

1장 29절 "하나님이 이르시되 내가 온 지면의 씨 맺는 모든 채소와 씨 가진 열매 맺는 모든 나무를 너희에게 주노니 너희의 먹을거리가 되리라"는 말씀을 깊이 새겼지요. 채식은 죄짓지 않은 에덴동산의 인간들이 먹는 음식으로 여겼던 것입니다. 신약성경에서 예수님이 드신 음식이 생선이었다는 점도 그의 채식주의에 힘을 더했습니다.

그레이엄 목사 역시 자위행위를 비롯해 모든 쾌락에서 자유로운 음식을 꿈꿨습니다. 그 신념을 담아 입자가 두터운 (맛없는) 밀가루를 구워 비스킷을 만들었지요. '그레이엄 크래커'였습니다. 지금 우리가 먹는 크래커의 최초 형태입니다.

마침 1829년부터 콜레라 전염병이 유행하면서 사람들이 '신의 식단'에 관심을 갖기 시작했고, 이 크래커 역시 미국 전역에서 인기를 얻기 시작했습니다. 어리석은 인간은 언제나 아픈 뒤에야 신을 찾는 법이었지요. 영양학자 제임스 케일럽 잭슨은 이에 감화받아 최초의 시리얼인 그래뉼라Granula도 개발했습니다.

자위 혐오자 켈로그

"페스트, 전쟁, 천연두조차도 자위보다 끔찍한 결과를 초래하진 못했다."

_아담 클라크

켈로그는 그레이엄의 신앙을 계승합니다. 종교에 심취한 그 역시 자위행위를 혐오했습니다. 성서학자인 아담 클라크의 '자위 혐오론'을 외고 살았지요. 그에게 자위는 어떤 전염병보다 끔찍한 것이었습니다.(심지어 부인과도 각방을 쓸 정도로 '성관계'도 싫어했지요.)

켈로그의 대표 저서인 『젊은이와 늙은이를 위한 자명한 사실들The plain facts for Old and Young』에는 자위에 대한 비과학적인 주장들이 가득합니다. 한 대목을 살펴볼까요.

"배뇨하는 것을 참아서는 안 된다. 이 규칙을 지키지 않으면 방광에 염증이 생기고, 그 결과로 비정상적인 흥분을 유도해 나쁜 습관(수음)을 갖게 된다."

이 책에는 자위행위에 빠졌을 때 나타나는 양상을 열두 가지나 나열했습니다. 급격한 쇠약, 기억력 감퇴, 비정상적인 탈모, 자극적인 양념을 좋아하는 부자연스러운 식욕의 증가 등. 현대 의학으로 보면 말도 안 되는 학설이었지만, 그는 주장을 꺾지 않았지요.

또 수술을 혐오했던 그는 포경수술만은 옹호했는데요, 자위를 예방하는 수단이라고 생각했기 때문이었습니다. 자위를 자주 하는 남성들에게 포경수술을 추천할 정도였지요. 자위와의 전쟁에서 최전방에 선 전사였던 셈입니다.

'자위를 막을 완벽한 음식'
콘플레이크의 탄생

"그래, 이 맛이야. 이거면 사람들의 정욕을 잠재울 수 있겠어."

1894년 어느 날이었습니다. 어느 날 켈로그가 잠시 자리를 비운 사이 요리하던 밀반죽이 과하게 숙성됩니다. 반죽을 버리기가 아까웠던 존 하비 켈로그는 동생인 윌 켈로그와 함께 이를 뜨거운 롤러에 밀어서 재활용을 시도합니다. 이게 웬걸, 반죽이 플레이크 형태로 떨어져 나오면서 바삭하고 고소한 음식이 된 것이었습니다.

형제는 더 많은 실험 끝에 옥수수 반죽을 활용한 '콘플레이크'를 개발합니다.(이때는 우유에 말아 먹지 않았다고 합니다. 당시에는 생우유를 위생적으로 위험한 식품이라고 여겼기 때문입니다.)

요양원 환자들은 이 메뉴에 매우 만족감을 표시합니다. 지역 사회에서도 입소문이 나면서 콘플레이크에 대한 관심이 퍼지기 시작합니다. 이와 비슷한 목적으로 개발한 켈로그의 역작 '땅콩버터' 역시 인기를 얻기 시작하지요.

재주는 곰이 부리고
돈은 포스트가 벌었네

"세상에 믿을 놈 하나 없구나."

켈로그는 이후 '시리얼의 왕'으로 큰 부자가 되었을까요? 그렇지 않습니다. 시련이 그를 찾아옵니다. 요양원의 고객이었던 한 남자가 이를 맛보고 먼저 시장에 판매하기 시작했습니다. 이 사내의 이름은 CW 포스트로 알려진 찰스 윌리엄 포스트입니다. 우리가 아는 시리얼 대표 브랜드 설립자였습니다.

1891년 CW 포스트는 배틀크릭 요양원의 고객이었습니다. 그는 켈로그로부터 훌륭한 서비스를 받고 이에 감탄한 나머지 비슷한 요양원을 건립하기까지 합니다.(그것도 배틀크릭 같은 동네에 말이지요!) 이내 시리얼과 같은 건조식품을 만드는 포스트홀딩스도 설립했습니다.

그리고 1897년 그레이프 너츠라는 제품을 대량 생산해 큰 성공을 거둡니다. 켈로그 형제의 콘플레이크를 표절한 것이었지만, 대중들은 속사정을 알 리가 없었습니다. 언제나 고객은 맛있으면 그만이었지요.

포스트의 성공을 본 동생 윌 켈로그가 형 존 켈로그를 다그칩니다. "원조인 우리도 사업에 나서야 한다"고 말이지요. 또 소비자의 입맛에 맞게 설탕을 가미해야 한다고 주장합니다. 하지만 형 존은 종교인에 가까운 심성을 가진 사람이었습니다. 성욕과 식욕을 자제하고 소화를 편안하게 돕기 위한 음식으로 개발했는데, 여기에 설탕을 뿌리다니요. 결국 존 하비 켈로그는 동생의 제안을 끝까지 거절합니다.

화가 머리끝까지 난 동생 윌 켈로그는 홀로 배틀크릭 토스트 콘플레이크 회사를 설립했습니다. 1906년 9월의 일이었지요. 형 존은 동생 윌의 회사에 소송을 제기합니다. 1920년 결국 법원이 윌의 손을 들어줍니다. 재주는 곰이 부리고, 돈은 애먼 사람이 벌었던 셈입니다.

아침 식탁을 지배한
금욕주의자들의 발명품

굴지의 회사 켈로그와 포스트는 전 세계인의 아침 식사를 바꿔버렸습니다. 우리의 맛있는 아침 식탁이 금욕주의자들의 열정으로 차려진 셈입니다. 주말 아침 여러분의 식탁은 어떤가요? 노릇노릇 구운 식빵에 땅콩버터를 바르고, 시리얼을 우유에 말아서 드시지는 않는지. 어쩌면 식사 후에 당신은 좀 더 경건한 사람이 될지도 모르겠습니다. 그럼에도 발명자의 본뜻과는 달리 "호랑이 기운"을 내어보시길. 주말만큼은 배우자의 실망한 표정을 보고 싶지 않은 법이니까요.

6

자위 막고자 칼날 든
속옷까지 입었다

*** * ***

◇ 고대 신화에서 자위는 탄생 신화에 자주 등장할 정도로 신성한 행위
로 여겨졌다.
◇ 중세 유럽에서 기독교가 들어서면서 자위가 죄로 인식되기 시작했다.
◇ 계몽주의 시절에는 자위가 죽음으로 이끄는 길이라고 설명한 책들이
베스트셀러가 됐다. 칼날 찬 자위 방지 정조대도 개발된다.
◇ 과학자들의 "자위는 건강에 아무런 이상이 없다"는 발표가 수십 년간
이어져서야 자위는 해방됐다.

최악의 죄악이라던 자위는
어떻게 해방되었나

소년은 종일 마음이 무겁습니다. 어젯밤 문득 욕정이 일어 수음(자위행위)을 저질렀기 때문입니다. 이웃 마을 처녀를 생각했기에 죄책감은 더욱 컸지요. 꽃과 동물을 사랑했고 종교에 신실했던 그였습니다. 신의 말씀을 따라 살겠다고 늘 되새겨 왔었기에 자신을 더욱 용서할 수 없었지요.

날이 밝자 그는 교회를 찾았습니다. 그리고 겸허히 고백합니다. "목사님, 제가 수음의 죄를 범했습니다."

목사가 말합니다. "회개하라, 주님의 어린 양이여. 너를 용서하노라. 다만 이걸 차고 다시는 죄를 짓지 말도록 하게."

소년은 놀란 표정을 숨길 수 없었습니다. 목사님이 건넨 속옷 안

에 날카로운 칼날이 '그곳'을 향해 있었기 때문이었지요. 목사님은 단호한 표정으로 말합니다. "우발적인 '사고'를 막는 데 도움이 될 것이네." 소년은 조용히 고개를 끄덕이고 집으로 돌아왔지요.

18세기 영국 보수적인 빅토리아 시대의 이야기입니다. 그 시절, 자위행위는 어떻게든 막아야 하는 큰 죄였습니다. 신의 뜻에 어긋나는 행위로 여겨졌기 때문이지요. 자위는 악마의 속삭임과 진배없었지요. 그렇다고 역사 속에서 손장난이 늘 소박만 맞았던 것은 아닙니다. 오히려 숭상한 시기도 있었지요.

기독교가 불러온
자위 혐오

"음행과 온갖 더러운 것과 탐욕은 너희 중에서 그 이름조차도 부르지 말라."

_에베소서 5:3

자신을 사랑하는 행동(?)이 저주받기 시작한 것은 기독교가 유럽을 지배하기 시작하면서였습니다. 중세부터 근세까지 유럽에서 자위는 신의 섭리에 어긋나는 행위였습니다.

기독교가 유럽의 종교로 자리 잡은 이후, 그들은 시민들의 성을 통제하는 미시 권력이었지요. 정욕은 곧 원죄와 같은 것이었고, 성적 욕망이란 어떻게 해서든 통제해야 하는 것이었습니다. 게다가 부부간의 성관계가 아닌, 오직 쾌락만을 위한 자위행위라니요. 큰 죄악이 아닐 수 없었습니다.

그러나 중세 시절 사람들은 자위행위를 '필수 악'으로 여겼습니다. 독일 보름스 지역의 신학자였던 부르카르트는 11세기 편찬한 『교령집』

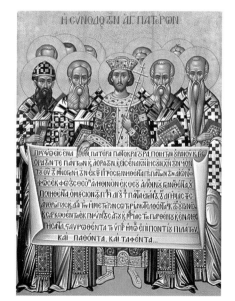

• 기독교 교리를 확립한 제1차 니케아 공의회에서 콘스탄티누스 대제(가운데)와 교부를 묘사한 그림. 313년 로마가 기독교를 공인한 이후 중세 유럽에는 성적인 규제도 함께 시작됐다.

에서 "수음한 남자는 10일에서 20일간 빵과 물만 먹는 참회 고행을 하여야 한다"고 적었습니다. 열흘 동안 두 가지만 먹는 게 고역이라면 고역이겠지만, 대수롭지는 않은 처벌이었지요.

죄로 규정된 다른 행위의 처벌 강도만 봐도 그렇습니다. 구강성교에는 3년의 참회 고행이 따랐습니다. 부부관계 시에 정상위(남성이 위로 가는 성행위)가 아닌 자세로 해도 마찬가지로 3년이었지요. 자위행위가 중세 유럽 기독교 사회에서도 어느 정도 용인될 행위로 봤다는 방증입니다.

역사학자 캐서린 하비는 "젊은 청년들에게 욕망을 무작정 틀어막을 경우, 강간과 같은 최악의 결과가 나올 수 있었다고 생각했기 때문"이라고 진단합니다. 같은 이유로 기독교는 매춘에도 눈을 감았지요.

"전염병은 성적 방종이 원인"
거세지는 자위 비난

"흑사병은 방종한 인간에 대한 신의 분노."

자위 용인이 영원했던 것은 아니었습니다. 기독교 사회가 점점 보수화되기 시작하면서였습니다. 중세 초까지만 해도 자위는 성당의 말단 신부가 처리해야 할 정도로 작은 죄였습니다.

하지만 14세기가 되는 중세 중기 이후부터는 자위를 심각한 죄로 여겼습니다. 1380년대 프랑스에서는 대주교가 직접 나서서 자위의 고해를 직접 듣고 참회고행을 지도하라는 지침이 내려옵니다. 그만큼 이를 심각하게 봤다는 의미지요.

• 벨기에 투르나이 지방에서 흑사병에 걸린 사람들을 묻고 있는 모습(1353년 작품).
기독교 지도자들은 흑사병이 성적으로 문란한 인류에게 내리는 하나님의 심판이라고 주장했다.

• 14세기 프랑스 신학자 장 제르송.
그는 흑사병을 두고
"성적 방종에 신이 분노했기
때문"이라고 했다.
베르나르 피카르의 1714년 작품.

파리대학교 학장이었던 신학자 장 제르송은 자위 행위자들에게 고해성사를 듣는 방법에 관해 저술을 남겼습니다. 그는 자위를 "혐오스럽고 역겨운 범죄"라고 규정했지요. 서유럽 인구의 3분의 1을 앗아간 흑사병이 창궐한 것이 보수적인 분위기를 이끄는 배경이 됐습니다. "성적으로 문란한 인류를 하나님이 심판한 것"이라는 기독교적 해석이 먹혀들어 갔던 셈이죠.

자위는 신의
선물이라 했던 시절

기독교가 유럽을 지배하기 이전 시기에는 분위기가 완전히 달랐습니다. 그때는 자위가 용인의 수준을 넘어 숭배 행위로 여겨지기도 했기 때문입니다. 수음을 통해서 뿜어져 나오는 정액은 풍요의 상징이었습니다.

신화 속에는 정액 숭배가 곳곳에 묻어납니다. 인류 최초의 문명인 수메르로 가봅니다. 문명의 젖줄이 되어 준 것은 바로 티그리스와 유프라테스강이 선물한 비옥한 토지였지요. 그리고 이 강을 만든 것은 엔키 신의 자위행위로부터였습니다.

> "물의 신 엔키가 자신의 물건을 꺼내더니 흔들기 시작했다. 절정의 순간, 그곳에서 봇물이 터지더니 이내 강을 이뤘다. 후대인들은 이를 티그리스와 유프라테스라 불렀다."

수메르 사람들이 수음을 얼마나 경건한 행위로 여겼는지를 알 수

• 수메르 신 엔키 조각상.
구 바빌로니아 시대인
기원전 2004~기원전 1595년 추정 작품.

있는 대목입니다.

　이집트의 창조신인 아툼 역시 자위행위를 통해 탄생했다고 전해지기도 합니다(후대인들 사이에선 이집트의 파라오가 나일강에서 의무적으로 공개 자위행위를 했다는 풍문이 있는데, 이는 헛소문입니다). 중세 유럽과는 확연히 다른 분위기였던 셈입니다. 고대 그리스 또한 자위를 자연스럽고 건강한 행위로 여겼지요. 그들은 도자기에 정령 사티로스를 그려 넣으면서 자위행위를 묘사하곤 했습니다.

마침내 유럽에 계몽주의가 찾아옵니다. 이성이 종교의 맹목적인 믿음을 밀어내던 시기였지요. 자위행위에 덕지덕지 붙어있던 저주의 언사에도 드디어 볕이 들 줄 알았습니다. 하지만 오히려 더 짙은 암흑 속으로 들어가지요. 자위행위를 비난하는 일련의 책들이 유럽의 베스트셀러로 떠오르면서였습니다.

　1712년 영국의 출판계가 들썩입니다. 『오나니아-혹은 극악무도한 자기 오염의 죄』라는 책 때문이었습니다. 한 외과 의사가 쓴 것으로 추정되는 이 책에는 자위에 대한 신랄한 비판들이 그득했지요. 한 대목을 살펴볼까요.

　"자위행위를 즐기는 이들은 간질, 히스테리, 턱관절 질환에 시달릴 것이다. 정자가 퇴화된 나머지 병든 아이를 낳거나 자살하게 된다."

　책은 그야말로 불티나게 팔립니다. 특히 가톨릭의 성적 방종을 비판하면서 태동한 개신교 국가에서 더욱더 큰 인기를 얻었지요. 종교개혁의 아버지인 루터는 "자위는 낙태와 같다"고 했고, 이탈리아의 종교개혁가였던 지롤라모 사보나롤라도 자위를 대죄라고 여겼습니다.

　이런 분위기에서 책은 1730년까지 1만 5000부가 팔려 국제적 베스트셀러로 발돋움합니다. 독일을 비롯한 전 유럽에 퍼져 나갔을 정도였지요. 대서양 건너 미국에까지 안착합니다.

스위스 출신의 사뮈엘 오귀스트 티소가 쓴 문제적 저작이 이를 계승합니다. 『오나니즘-자위를 통해서 유발되는 질병에 관하여』입니다. 오난은 성경 창세기에 나오는 인물입니다. 형사취수 문화에 따라 죽은 형을 대신해 형수와 결혼했으나, 피임을 한 죄로 죽음을 맞이하지요. 성경 속 오나니즘은 정확히 말하면 성교 중절(질외 사정)을 의미하지만, 이 저작 때문인지 자위행위를 일컫는 말이 됐습니다.

스위스에서 진료 활동을 하던 티소는 이렇게 선언합니다. "자위는 소화기와 호흡기의 약화, 불임, 류머티즘, 종양, 임질, 음경 지속 발기증, 실명, 정신이상의 원인이다."

티소는 한 환자의 뇌를 관찰하더니 "뇌가 말라버려 썩은 호두알처럼 굴러다니는 소리가 난다"고 진단합니다. 그리고 그 원인을 자위로 인한 정액의 과도한 유실로 규정합니다. "정액 1온스의 손실은 혈액 40온스의 손실과 같다"는 명언도 남겼지요.

티소와 개인적으로 친분이 있는 유명한 친구들이 그의 저작을 추종하기 시작했습니다. 당대의 유명한 계몽 철학자 루소와 디드로였지요. 디드로는 『백과전서』의 저자입니다. 그는 저서에 "수음은 손을 통한 범죄"라고

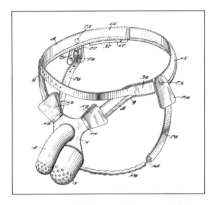

● 1911년 특허 출원된 잠글 수 있는
남성용 자위행위 방지 벨트.

명시했지요.

루소 역시 『에밀』과 『고백론』에서 "자위는 정신적 강간"으로 규정합니다. 당시는 계몽주의가 유럽 전역에 퍼지던 시기였고, 교훈적 수필집이 열광적으로 팔리던 시대였지요. 오늘날 전문가들의 자기계발서가 퍼지던 것처럼요. 자위는 구원받기 힘든 존재로 여겨졌습니다.

미국에서도 상황은 마찬가지였지요. 자위행위는 끔찍하고 교정할 것이 되고 말았습니다. 성적으로 보수적인 청교도들이 세운 미국. 그중에서도 더 보수적인 이들이 모였다는 코네티컷주 뉴헤이븐은 법령으로 자위행위를 하는 자를 사형에 처할 수 있다고 명시했지요. 그들에게 자위행위는 신성모독 혹은 동성애와 같은 중죄였던 셈입니다.

유럽에서 자위행위를 방지하기 위한 정조대가 끊임없이 개발되던 것도 이 시기였습니다. 코르셋 모양으로 성기를 조여주는 게 있는가 하면, 날카로운 칼날이 성기를 둘러싸 음탕한 생각을 원천 봉쇄하는 정조대도 있었지요.

청소년들의 자위를 막기 위한 사회적 운동도 이뤄집니다. 여러분이 잘 아는 스카우트에서였습니다. 스카우트 설립자인 로버트 베이든 포웰은 1914년 스카우트 소년을 위한 책자에서 자위행위의 위험을 경고하는 구절을 넣었지요. 그는 "신체 활동을 왕성히 함으로써 유혹에서 도망

칠 수 있다"는 조언도 아끼지 않았습니다. 이 구절은 16년 후인 1930년
에야 비로소 삭제되었습니다.

과학의 이름으로
자위 구하기에 나선 학자들

　　"자위는 죄가 없다."

　　자위행위에 대한 일련의 저주를 걷어낸 이들은 역시 과학자였습니
다. 생물학자 헨리 해블록 엘리스가 그 주인공입니다. 그는 1897년 "건
강한 개인이 어느 정도 자위행위를 한다고 해도 심각히 해로운 결과가
반드시 뒤따르지는 않는다"고 선언하지요.

　　미국의 알프레드 킨제이는 1948년 현대인의 성생활을 조명한 그
유명한 『킨제이 보고서』를 발표하면서, 자위행위가 남성과 여성에게 본
능적인 행동이라고 분석했습니다. 이런 일련의 발표가 있은 뒤에서야 자
위행위는 더 이상 병으로 취급되지 않기에 이르렀죠.

　　1972년 미국의학협회는 자위행위를 "정상적인 것"으로 선언합니
다. 그때에야 비로소 이뤄진 해방이었지요. 로마제국 멸망 이후 인류는
1700년 동안이나 눈치를 보며 자위를 했던 셈입니다. 1995년에는 '국
제 자위의 날'(5월 7일)이 제정되기도 했습니다.

　　우리 현대인들은 죄책감 없이 '손장난'을 즐길 수 있습니다. 즐거움
은 우리의 몫이지만, 이 과정에서 끊임없이 투쟁을 이어온 과학자들이
있었습니다. 이들을 생각하면서, 모두 각자만의 행복한 시간을 가지시길.

7

성기 자르고
자랑스러워한 사람들

✳✳✳

◇ 과거 가톨릭이 지배하던 중세 유럽에서는 사이비 종교가 거의 없었다.
   교황의 말씀을 무조건 따랐기 때문이다.
◇ 종교개혁 이후 개신교 교파가 우후죽순 생겨나면서 이단도 독버섯처
   럼 번졌다.
◇ 18세기 러시아에서 유행한 기독교의 한 종파인 스콥치는 '성기를 절
   단해야 구원받을 수 있다'고 주장하기까지 했다.
◇ 이성과 끊임없는 '사색'만이 사이비에 빠지지 않는 길이다.

"나는 신이다.
나를 믿고 거세하라"

"천국에 가고 싶습니까?"
"물론입니다."
"그렇다면 당신의 믿음을 증명하세요."
"어떻게 하면 되죠?"
"성기를 자르십시오. 그것은 죄악의 징표입니다."
"… 알겠습니다. 신의 나라로 갈 수 있다면….'"
이곳은 1760년 러시아 서부의 오룔입니다. 평화롭던 마을에 홀연
히 한 남자가 나타납니다. 바가지 머리를 한 남자는 가난한 농민들에게
이렇게 외쳤지요. "나를 따르라, 천국으로 들어갈지니."

말쑥하게 잘 차려입은 남자에게 마을 사람들은 점점 빠져듭니다. 귀족들의 착취, 농사의 고단함, 삶의 무료함이 맞물려 점점 그를 추종하게 되었지요. 농민들에게는 그가 보장하는 천국만이 유일한 삶의 위안이 되었습니다.

신자들의 세가 제법 불어났을 무렵. 그가 사람들에게 성경의 한 구절을 반복해서 읽게 합니다. 마태복음 19장 12절입니다.

어머니의 태로부터 된 고자도 있고, 사람이 만든 고자도 있고, 천국을 위하여 스스로 된 고자도 있도다. 이 말을 받을 만한 자는 받을지어다.

그러고는 외쳤지요. "성경의 말씀대로, 거세할지어다. 신의 사람으로 다시 태어날 것이다." 분명 해괴한 말이었지만, 신도들은 어느새 그에게 빠져듭니다. 기어이 스스로 성기를 자르기 시작했습니다.

남자들은 고환과 음경을, 여성들은 가슴을 스스로 도려냈지요. 울면서 그들은 고함칩니다. "그리스도가 부활하셨습니다." 러시아의 종교

집단 '스콥치Skoptsy'의 시작이었습니다. JMS 뺨치는, 어쩌면 그들을 뛰어넘는 사이비 교주들이 있었지요. 그 추악한 역사를 사색합니다.

성기 절제를
교리로 삼은 스콥치

"예수님도 거세하신 분이십니다. 우리도 응당 그분의 뜻을 따라야지요."

스콥치를 주창한 남자는 18세기 러시아 서부 지역에 살았던 콘드라티 이바노비치 셀리바노프입니다. 농민이었지만 종교에 관심이 많던 그는 성경을 독창적으로 해석하는 경지까지 이르렀습니다. 특히 그가 관

● 페테르 파울 루벤스가
《인간의 타락》(1628년)에서
묘사한 아담과 이브.

심을 가진 구절은 앞서 말한 마태복음의 19장 12절이었습니다. 짬이 날 때마다 성경을 읽고 자신만의 '공상'을 펼쳤지요.

셀리바노프는 인간의 생식기가 원죄의 상징이라는 교리를 완성해 나갑니다. 아담과 이브가 선악과를 몸에 붙여 고환과 가슴이 형성된 것이라는 스토리도 접목합니다. 예수 그리스도도 역시 거세해 완전한 성인이 됐고, 초기 기독교 성도들 역시 이를 따랐다고 주장했지요. 성기를 제거해야만 원죄 이전의 인간으로 돌아갈 수 있다는 메시지를 담았던 것이었습니다.

고단한 농민들 파고든 스콥치
러시아 당국의 탄압

극단적인 성기 절제가 신도 확장을 어렵게 한다는 판단이 들자, 남성의 경우는 고환만 제거하거나, 여성은 유두만 제거하는 방식도 허용합니다. 여전히 극단적인 교리였지만 셀리바노프의 언변에 신도들은 늘어가기만 했습니다.

삶이 고단한 농민과 가난한 도시민이 표적이었습니다. 수년 만에 5000명에 가까운 신도들이 모였지요. 사회적으로 묵인할 수 없는 지경에 이른 것이었습니다. 대문호 표도르 미하일로비치 도스토옙스키의 『카라마조프가의 형제들』에도 스콥치 종파의 사람들이 묘사돼 있을 정도였습니다.

"저 미친놈들을 잡아들여라." 결국 사법 당국이 나섰습니다. 1772년 셀리바노프에게 유죄 판결을 내렸지만, 그는 도망쳤지요. 정신병원에

• 대문호 도스토옙스키는
『카라마조프가의 형제들』에서
스콥치 종파를 묘사했다.
러시아 화가 바실리 페로프가 그린
도스토옙스키의 초상화. 1872년 작품.

도 가둬보지만 1802년 끝끝내 자유의 몸이 됐습니다.

그 사이 신도들은 불어났지요. 추종자들은 셀리바노프가 예수처럼 수난을 받는 것이라 여겼습니다. JMS 정명석이 성범죄로 감옥에 갇힌 것을 예수의 수난으로 비유했다고 하지요. 사이비 교주들의 논리는 하나같이 닮았습니다. 셀리바노프는 자신을 '그리스도의 재림'이자 러시아 황제인 '차르'로 칭했습니다.

스콥치는 계속해서 세를 불려 1900년대 초반 10만 명까지 늘어났습니다. 종교는 인민의 아편이라고 규정한 소련 사회주의 정권이 들어선 다음에야 스콥치는 마침내 쪼그라들었지요. 다행이라고 해야 할까요, 불행이라고 해야 할까요. 이 종파는 사라졌지만 그 흔적은 고스란히 남았습니다. 성기 절제를 욕망하는 심리를 가리키는 '스콥틱 증후군'이 이들 명칭에서 따왔기 때문입니다.

중세 유럽에 사이비 논쟁이
적었던 이유

왜 이런 극단적인 사이비 종교들이 출현했을까요? 기원을 탐색해봅니다. 기독교의 사이비 종교 역사는 깊지 않습니다. 500년 전 종교개혁 이후에야 서서히 나타났지요. 종교의 유구함에 비한다면 그 역사가 일천합니다.

　　가톨릭이 유럽 사회를 지배하던 시기에는 사이비 종교가 나타날 수 없는 환경이었습니다. 교황-주교-신부로 이어지는 철저한 수직 체계가 다른 교리를 주장할 틈을 주지 않았기 때문이지요. 성경 해석에 이견이 있을 경우 성직자들의 대회의 격인 공의회가 열렸습니다. 공의회에서 한

• 1209년 프랑스 남부 카르카손에서
　추방당하는 카타리파 신도들.
　이들은 가톨릭과 다른 식으로
　성경을 해석해 이단으로 낙인찍혔다.
　15세기 작품.

번 판단이 나오면, 유럽 전역 성직자들은 이를 곧이곧대로 따랐습니다.

이를 따르지 않을 경우 이단으로 낙인이 찍히거나 파문을 당하는 구조였습니다. 일부 지역에서 사이비 종교가 나타나더라도 교황청의 해석을 기반으로 그들의 실체를 파악할 수 있었습니다. 일종의 안전장치가 있었던 셈이었습니다.

정통 가톨릭과 해석을 달리하는 교단이 세를 넓혀가도 금세 정화가 됐었지요. 각국의 군주들이 이를 무력으로 진압했기 때문입니다. 프랑스 중세의 성왕 루이 9세는 카타리파를 집단 학살하기도 했지요.

이단의 시작
종교의 자유와 함께 싹튼 역설

상황은 종교개혁 이후부터 급변합니다. 루터가 가톨릭을 정면 비판하면서 개신교들이 세를 불려갔습니다. 1517년 10월 31일 '95개조 반박문'을 발표하면서 그동안 가톨릭에 불만이 있던 세력들이 개신교로 넘어갔지요.

개신교는 교황청이 독점하던 성경 해석을 받아들이지 않았습니다. 그들은 모든 사람이 하느님과 직접 교류할 수 있는 '만인 사제설'을 꺼내들었지요. 하느님과 인간을 이어줄 중간 버팀목으로서의 성직자 개념을 버렸던 것입니다. 일종의 종교적 민주주의를 이룬 셈이었습니다.

문제는 여기부터입니다. 각자 성경을 알아서 해석하다 보니, 교단이 너무나도 다양해지기 시작한 것입니다. 지금도 대한민국의 거리를 걷다 보면 장로회니 성공회니 감리회니 침례회니 루터교니, 수많은 교회를 보실 수 있을 것입니다. 모두 개신교의 교파들이지요. 가톨릭의 천주교가 단일한 집단으로 구성되는 것과는 다른 모양새입니다.

'내가 하나님의 아들', '선지자'라면서 개인숭배를 내세우는 JMS 등도 이 같은 성경 해석의 자유로부터 생겨납니다. 이들 또한 성경을 자신들만의 논리로 해석해 사람들의 마음(과 몸과 돈)을 빼앗았습니다. 스콥치 또한 러시아의 성군으로 통한 표트르 대제가 분파주의자들에게 양심의 자유를 부여하면서 생겨났지요. 사이비 종교가 자유에 기생해 암약한 배경입니다.

• 러시아는 국교인 정교회가 18세기 들어 본격 분열을 시작하면서 종교의 자유를 인정하기 시작했다. 스콥치 같은 극단적 교파들이 탄생한 배경이다. 러시아 화가 바실리 페로프의 1881년 그림. 러시아 종교인들이 서로 격렬히 토론하는 장면을 묘사했다.

개인숭배, 집단 자살
극단으로 치닫는 사이비 종교

사이비 종교는 선량한 사람들을 죽음으로 몰아넣는 경지에 도달합니다. 극단성은 점입가경이지요. 미국에서는 존스타운이 유명한 사건입니다. 1954년 짐 존스가 '인민사원People's temple'이라는 종교 집단을 창건했습니다. 이름에서 유추할 수 있듯이, 사회주의와 기독교를 교묘히 섞은 종교단체였지요.

그의 시작은 깨끗했고 평등했으며 올곧았습니다. 인종 차별에 반대 목소리를 냈고 평등과 자유, 빈민 구제에도 적극적이었지요. 당시 미국은 흑인 차별이 심각한 나라였기에 짐 존스의 목소리에 동조하는 사람이 많았습니다.

사회주의와 기독교를
섞은 '인민사원'

조직이 커지자 짐 존스 역시 변해갑니다. 신도에게 소득과 재산을 모두 바치게 한 뒤 평등하게 나눠 가지는 급진적인 교리를 내세운 것이었습니다. 흑인의 총기 소지를 주장하는 흑표당과 협력하거나, 찬송가로 공산주의 노래인 〈인터내셔널가〉를 부르는 행위도 서슴지 않았지요. 미국 사회에서 인민사원을 향한 비판이 거세지는 것은 당연한 수순이었습니다.

짐 존스는 새로운 꿈을 꿨습니다. 자신의 인민을 데리고 새로운 왕국을 건설하는 것이었습니다. 모세처럼 말이지요. 남아메리카 가이아나가 목적지였습니다. 1974년 그곳에서 그는 존스타운을 세우고 미국을 제국주의라며 공공연히 비난합니다. 신도들의 삶을 철저히 통제하는 것은 기본이었고요. 그의 극단성 때문에 탈출을 시도하는 신도들이 줄을 이었지요.

그는 무장 경비병을 세워 신도들을 감시합니다. 미국 의회가 존스타운에서 벌어지는 인권 침해를 가만히 두지 않았습니다. 하원의원이었던 레오 라이언이 진상 조사를 위해 가이아나로 향했지요. 그곳에서 그는 자신을 구출해달라는 여러 신도를 목도합니다.

개인숭배가 부른
끔찍한 집단 자살

라이언 의원과 진상 조사단이 그곳을 떠나려 하자 무차별 학살이 시작됩니다. 무장한 신도들이 조사단에 무차별 총격을 가했습니다. 라이언 의원과 그의 보좌관, NBC 기자 돈 해리스 등 다섯 명이 그 자리에서 즉사했습니다.

존스타운의 '신' 짐 존스가 새로운 메시지를 전달하지요. 907명에게 모두 음독자살을 명한 것이었습니다. 놀랍게도 이 신도들은 그의 뜻을 순순히 따랐습니다. 차분하게 자신의 자녀에게 청산가리를 탄 음료를 먹이게 한 뒤, 그들 스스로도 이 음료를 마셨지요. 저항의 흔적은 전혀 발견되지 않았습니다.

짐 존스는 머리에 총상을 입은 채 시신으로 발견됐지요. 부검 결과 그 역시 이 음료를 먹은 것으로 나타났습니다. 사망자는 918명, 이 중 어린이가 276명이었습니다. 9·11 테러 이전까지 최다 사망자가 발생한 사건이었지요. 광신의 끝은 죽음임을 증명한 셈입니다.

건강한 이성만이
사이비 종교에 빠지지 않는 길

사이비 종교는 언제나 의지할 곳 없는 사람의 마음을 파고듭니다. 남루한 삶에 한줄기 빛처럼 느껴지기도 하겠지요. 구원과 진리를 발견한 느낌도 들 테고요. 그럴 때일수록 이성의 눈을 감지 말아야 합니다.

개인숭배는 종교일 수도, 진리일 수도 없습니다. 성폭행과 폭력을 저지른 이들은 저급한 범죄자일 뿐이지, 메시아와는 거리가 멉니다. 어쩌면 맹신의 독에서 벗어나는 방법은 끝없는 '사색'일지도 모르겠습니다. 존경해 마지않는 과학자 칼 세이건의 명언을 꺼내듭니다. 우리 모두가 이성과 과학으로 무장한 시민이 되기를 바라면서요.

"자신에게, 그리고 권위 있는 다른 이들의 생각에 의문을 가지지 않는다면 우리는 스스로를 속이게 될 것입니다. 진정한 애국자는 항상 문제를 제기합니다."

8

민주주의를 만든
포르노

✳ ✳ ✳

◇ 프랑스혁명 시기 시민들은 야설 작품을 탐닉했다. 대혁명의 아버지들
  도 야설을 자주 썼다.
◇ 그들은 야설을 통해 전제정의 모순을 깨닫고, 성의 자유에 눈을 떴다.
◇ 대한민국 4·19혁명 직전에도 『자유부인』이 대한민국 정치가들에 대
  한 비판의 도구로 해석됐다.
◇ 민주주의의 기둥에는 포르노가 켜켜이 쌓여 있을지 모른다.

민주주의의 대들보에는
포르노가 켜켜이 쌓여 있다

"더 깊이, 신부님, 지금 미세요. … 아… 아… 좋아요! 성 프란체스코님! 이제
그만! 나 죽겠어요."

_『계몽사상가 테레즈』에서

　　자유, 평등, 박애. 프랑스혁명은 숭고한 가치를 내걸고 전제정치를
무너뜨립니다. 시민들은 왕후장상의 씨가 따로 없다면서 평등을 외쳤고,
귀족으로부터의 속박을 거부하며 자유를 부르짖었습니다. 1789년 프랑
스대혁명이 있었기에, 한반도에서도 자유민주주의가 뿌리 내릴 수 있었
지요.

• 1789년 7월 14일 바스티유 감옥 습격.
  이를 시작으로 프랑스혁명의 서막이 올랐다. 작자 미상.

프랑스 시민들의 혁명 의지에 불을 붙인 부싯돌이 된 책들이 있었습니다. 이들은 읽고 또 읽으며 체제의 부조리에 분노했지요. 자신들이 얼마나 불합리한 시대에 살고 있는지 깨닫게 됩니다.

서적상들은 권력자의 눈을 피해 외투 아래로 시민들에게 책을 건넸지요. 계몽주의의 교본인 장자크 루소의 『에밀』도, 시대의 철학자 볼테르의 저작도 아니었습니다. 진득한 성관계가 노골적으로 묘사된 포르노 작품이었습니다. 프랑스혁명을 완성한 것은 농밀한 포르노였다는 반전의 역사였지요.

프랑스혁명 때 사람들은
『사회계약론』 대신 야설을 읽었다

1910년 프랑스 학자 다니엘 모르네는 문득 궁금했습니다. '인류의 역사를 바꾼 프랑스혁명기에 사람들은 어떤 책을 가장 많이 읽었을까?' 혁명의 지적 기원을 찾기 위한 의문이었지요. 예나 지금이나 학자들은 그 시기 사람들의 인식을 바꾼 것은 루소의 『사회계약론』이라 여겼습니다.

　모르네는 그러나 의심하는 사람이었습니다. 그는 사람들이 정말 그

• 프랑스 국립박물관에는 '지옥Enfere'이라는 이름의 서가가 있다.
외설스러운 서적을 모아놓은 공간이다.

작품을 많이 읽었는지, 그 증거를 원했지요. 앙시앵 레짐(구체제, 프랑스 전제 왕정을 뜻함)의 말기 파리 사람들이 소장한 장서 목록을 통계로 뽑아봅니다. 결과는 충격적이었습니다. 총 2만 권 중 루소의 『사회계약론』은 딱 한 권이었습니다. 대부분은 감상적인 소설이나 모험담, 그리고 야한 소설들이었습니다.

물론 100년 전 학자의 연구 방식은 허술한 구석이 많았습니다. 『사회계약론』을 알기 쉽게 풀어 쓴 판본이 출판되기 전이라는 사실을 간과한 것입니다. 그럼에도 학자들은 여전히 모르네의 연구가 유효하다고 믿습니다. 철학 서적만큼이나 외설로 가득한 포르노가 민주주의 정신을 추동한 동력이었다는 사실을 검증하면서였습니다.

혁명의 아버지들
그들의 은밀한 직업은 야설 작가?

"음란한 것은 나체의 여성이 아니라 치마가 접혀 올라간 여인."

이 탁월한(?) 명언을 남긴 사람은 프랑스의 사상가 드니 디드로였습니다. 그는 작품 『살롱』에서 자신만의 '누드관'을 남겼지요. 백과전서의 대표 저자이자 계몽주의 사상가인 디드로. 혁명의 지적인 토대를 마련한 그가 이런 외설스러운 문장을 남기다니요. 어쩐지 충격으로 다가옵니다.

디드로만의 얘기는 아니었습니다. 혁명의 아버지들은 누구보다 열심히 야설을 썼지요. 『법의 정신』으로 유명한 샤를 루이 드 스콩다 몽테스키외는 『페르시아인의 편지』를, 볼테르는 『오를레앙의 처녀』를, 디드로는『경솔한 보석』을 집필합니다. 모두 야한 이야기들이었습니다.

혁명 주동자였던 오노레 가브리엘 리케티 드 미라보, 루이 앙투안 레옹 드 생쥐스트 역시 혁명 이전에 포르노 작가로 활약했습니다. 디드로는 야설을 재미있게 쓰는 바람에 1749년 감옥에 갇히기도 했지요. 그는 이렇게 외칩니다. "우리의 가장 숭고한 감정과 순수한 다정함의 밑바닥에는 고환이 있다"고요.

민주주의는
성교를 타고 날랐다

"포르노가 전제정의 밑동을 파헤쳤다."

혁명의 아버지들이 포르노를 쓴 이유는 간단합니다. 18세기 프랑스에서 포르노가 종교와 정치의 권위를 비판하기 가장 좋은 무기였기 때문입니다. 실존 인물을 대상으로 끈적하게 묘사한 난잡한 성관계 이야기는 삽시간에 대중에게 퍼졌습니다. 그만큼 절대 왕정에서 벌어지는 귀족들의 비도덕성을 공격하는 데 탁월했지요.

지금도 그렇습니다. 철학 서적은 그 내용이 아무리 좋더라도 머리에 잘 들어오지 않지요. 야한 웹툰이나 영상은 시간 가는 줄 모르고 보게 됩니다. 프랑스혁명 당시 사람들도 마찬가지였지요.

문자도 잘 모르는 시민들이 어려운 용어로 가득한 책을 통해 체제의 모순을 파악한다는 건 쉽지 않은 일이었습니다. 왕과 왕비 귀족과 성직자의 문란한 성관계를 폭로하는 포르노야말로 전제정을 무너뜨릴 가장 좋은 수단이었던 것입니다. 자유와 평등의 원리가 포르노 속 끈적한

• 1789년 프랑스혁명을 기념하는 외젠 들라크루아의
〈민중을 이끄는 자유의 여인〉. 1830년 작품.

성교를 통해 퍼져 나간 셈이죠.

계몽과 에로는
혁명의 두 날개

  "에로티시즘이 하나의 운동으로서 계몽주의에 창조적 활력을 제공했다."

  포르노는 전제정치를 공격하는 계몽주의에 자양분이 됩니다. 『샤르트뢰즈 수도원의 문지기 동부그르의 이야기』, 『경솔한 보석』, 『계몽사상가 테레즈』 같은 걸출한 야설들이 모두 1740년대에 태동합니다. 몽테스키외의 『법의 정신』, 라 메트리의 『인간기계』가 나온 시기와 정확히 똑같았지요. 미국 유럽 사학자 린 헌트의 말대로 "포르노그래피 출판의 성장기가 계몽사상 절정기의 시발점과 일치하는 건 결코 우연이 아니"었습니다.

포르노 소설은 모두 프랑스 궁정과 귀족들의 문란한 사생활을 주제로 한 내용이었습니다. 물론 진실은 아니었을 것입니다. 저잣거리의 풍문을 활자로 옮겨놓은 것에 불과했겠지요. 오늘날로 따지면 실존 인물을 대상으로 한 '딥페이크' 야설이라고 할까요.

그럼에도 왕과 왕비, 귀족과 성직자의 문란한 성관계를 폭로하는 포르노는 시민들에게 전제정의 위선을 알리는 데 톡톡한 역할을 했습니다.

포르노가 갑자기 정치적
공격 무기로 떠오른 이유는

물론 그 이전 시기에도 정치적 포르노는 있었습니다. 앙리 4세나 루이 14세가 귀족 부인들과 수시로 성관계를 갖는 것을 묘사한 책자가 많았지요.

하지만 그 시대의 야설은 일견 왕에 대한 경외가 함께 묻어 있었습니다. 이 책들은 퍼지면 퍼질수록 시민들이 '왕은 강력한 왕국을 이끄는 남성다운 주인'이라고 생각했지요. 루이 14세는 태양왕이라는 별칭답게 정력이 세다는 우스갯소리도 나올 정도였지요. 프랑스 국력이 신장하던 시기였기에, 야설들도 외설적일지언정 불온하게까지 여겨지지는 않았

• 이아생트 리고가
1700년에 그린
루이 14세 초상화.

던 것입니다.

　그러나 시대는 변했습니다. 프랑스는 포르노의 정치적 비방을 더이상 견뎌낼 수 없을 정도로 허약해져 갔습니다. 유럽 강대국들이 모두 뛰어든 오스트리아 왕위 계승 전쟁에서 실패를 거듭하면서 재정 문제가 커졌기 때문입니다. 1748년 막을 내린 전쟁에서 프랑스는 더 이상 예전의 위상을 찾을 수 없었지요.

　이런 상황에서 계몽주의 서적과 포르노 출간물은 더욱 활개를 치게 됩니다. 공권력이 이를 통제하려 해도 막을 수 없는 수준이었지요. 특히 포르노 소설은 혁명 직전에 폭발하기 시작합니다. 1789년부터 5년 동안 200종에 이르는 외설 팸플릿과 서적이 출판됐지요. 당시 빈약한 출판 상황을 고려하면 폭발적인 숫자였습니다.

포르노에 집중 포화를 맞은
마리 앙투아네트

특히 루이 16세의 부인이었던 마리 앙투아네트가 포르노의 주인공으로
이름이 많이 올랐습니다. 국가에 대한 불만을 오스트리아 출신 외국인
왕비에게 푼 것이지요. 그녀는 포르노 속에서 시종들과 수시로 잠자리를

• 1792년 6월 20일 튈르리 궁전에 침입한 폭도들과 마주한
  마리 앙투아네트. 폭도들의 얼굴에 조롱과 희롱의 표정이 가득하다.

한 여인으로 묘사됩니다. 아들과 근친상간까지 벌였지요(실제로 앙투아네트는 이 혐의로 처형됩니다). 물론 사실이 아니었지만, 혁명의 아버지들은 이를 개의치 않았습니다. 무엇보다 중요한 건 왕정을 무너뜨리고 공화정을 세우는 일이었거든요.

마리 앙투아네트 왕비의 성적 일탈을 포르노 삽화로 지켜보면서 평민들은 희열을 느꼈을 것입니다. 왕비의 육체가 모든 사람이 접촉할 수 있는 것으로 인식되면서 왕권은 약화하고 평민 계급은 격상시켰지요. 얼마나 인기가 있었던지, 파리에 이런 작품을 안 읽은 사람이 없었다고 합니다.

실제로 1790년 파리 경찰이 압수한 서적 목록에는 『마리 앙투아네트의 방탕하고 추잡스러운 사생활』, 『프랑스의 탕녀』가 가장 많이 압수됐습니다. 앙투아네트의 음탕한 사생활이 삽화로 묘사된 작품들이었지요.

"자유와 난봉은
하나다"

포르노는 집권 세력의 전복과 더불어 시민의 성인식까지 바꿔놓습니다. 작품에 묘사된 자유로운 성관계가 기존 앙시앵 레짐과는 대척되는 사상을 담고 있어서입니다. 기존 가톨릭은 종교뿐만 아니라 시민들의 성까지 통제하는 '미시 권력'이었습니다.

하지만 포르노 소설에서는 가톨릭의 교리와 상반되는 성적인 자유가 가득했지요. 어떤 방해물이 있더라도 등장인물들은 기어이 성적인 쾌락을 맛보았고, 독자들은 부지불식간에 성적 자유를 느끼게 됩니다. 로버트 단턴의 표현대로 "자유와 난봉은 연관된다"는 것이었습니다. 프랑스 당국이 철학 서적과 야설을 구분 않고 '철학'이라고 한데 묶은 이유가 여기에 있습니다.

새로운 권력들의
이중 잣대

아이러니한 건 혁명 세력이 포르노에 대한 입장을 번복했다는 것입니다. 정권을 잡기 시작한 무렵인 1791년 7월 국민의회는 포르노를 규제하는 조치를 시행하려고 합니다. 또 한 번 정치적 포르노가 자신들의 집권을 위협할 수 있음을 본능적으로 알았기 때문일 것입니다.

국민의회는 "여성의 정숙함에 반대되는 무례한 모욕, 부정직한 행동, 방탕의 조장, 노출 등 도덕에 위배되는 공공연한 사람들"을 위법자로 규정했습니다. 당시 프랑스 제1제국 경찰청 장관이었던 오트란토 공작 조제프 푸셰는 "도덕은 공화국의 신경중추"라는 유명한 말을 남겼을 정도였지요. 이런 분위기에서 1794년 정치적 포르노는 사라진 것으로 추정됩니다. 비정치적이면서 상업적인 야설들만 살아남게 됐지요.

1950년대 한반도를
뜨겁게 달군 '야설'

포르노가 정치를 뒤흔든 것은 먼 프랑스혁명만의 이야기가 아닙니다. 이 한반도에서도 음란한 소설이 혁명의 씨앗을 뿌린 사례가 있습니다. 유명한「자유부인」이 그 주인공이지요. 내용은 단순합니다. 대학교수 장태연의 부인 오선영은 선량한 가정주부였습니다. 동창회에 나갔다 친구들의 화려한 모습을 보고 이를 동경해 취직하게 되지요. 화사한 바깥 세계에 점점 물든 오선영이 결국 사교춤에 빠져 남편 제자와 춤바람이 납니다.

지금의 기준으로는 밋밋하기 짝이 없는 작품입니다. 오선영이 남편 제자 신춘호에 연정을 품기는 해도 육체적 불륜까지는 빠져들지 않았거든요. 하지만 감히 유부녀가 총각과 댄스홀에 다니는 것만 해도 사회적으로 큰 문제를 불러일으켰지요. 역설적으로 소설은 단시간에 4만 부가 팔릴 정도로 인기몰이를 합니다.

이 작품이 이승만 정권 고위 인사의 실제 내용이라는 소문이 퍼지면서 문제가 커집니다.(마치 프랑스혁명 직전처럼요!) 당시 서울대학교 법대 교수였던 황산덕 교수는「자유부인」이 연재되는『서울신문』에 "대학교수 부인이 대학생에게 희롱당하는 불량한 내용이 신문 지면에 연재될 수 없다"고 게재 중단을 요청합니다. 이승만 대통령 역시 사회적 논란이 일자 작가 정비석을 경찰이 연행하도록 명령을 내렸지요. 결국 금서 처리가 되었다가, 이승만 정권이 4·19혁명으로 몰락하면서 해제됩니다.

이 야한(당시 기준) 소설이 혁명을 촉발했다고 단언하기는 힘들 것입니다. 하지만 천정환 성균관대학교 국문학과 교수의 말처럼 "정치적 포르노로 소비됐을 가능성"은 배제할 수 없겠지요. 프랑스혁명과 4·19

혁명의 여명에는 야설이라는 공통점이 빛나고 있었던 셈입니다.

지금의 대한민국을 돌아봅니다. 음란한 소설들이 대한민국 정치를 뒤흔드는 일은 보기 드뭅니다. 하지만 우리 정치인들은 포르노보다 더한 막장을 보여주면서 시민을 좌절케 하고 있지요.(여당인지, 야당인지는 독자 여러분 각자의 해석에 맡깁니다.) 기다립니다. 현실을 포르노처럼 만든 모든 정치인에게 분노의 철퇴를 날릴 그날을요.

9

동상 세우고
행운을 빌었다

***

◇ 고대 로마에서는 '남자 성기상'이 액운을 쫓는 용도로 활용됐다.
◇ 기독교가 퍼진 유럽에서도 가고일과 같은 괴물들을 성당의 외부 장식으로 활용했다. 그리스도는 괴물보다 위인 상위의 존재로 포교하기 위해서였다.
◇ 우리나라 궁에서도 액운을 쫓는 '잡상'이 있었다. 궁 추녀마루 위 상들은 『서유기』의 캐릭터다.
◇ 미국 워싱턴 대성당에는 〈스타워즈〉 다스베이더상도 있다. 현대에도 변용이 이뤄지는 셈이다.

집 앞에 성기 동상을
세워둔 속사정

어머니는 잠이 오지 않았습니다. 홀몸으로 키운 아들이 입대를 앞뒀기 때문입니다. 하나뿐인 자식이 전장에서 다칠까, 목숨이라도 잃을까 밤새 뒤척였지요. 극단적인 일이 생기지 않기를 신께 간절히 소망하는 나날이 이어집니다.

화톳불 옆에서 곤히 자는 아들의 얼굴을 바라봅니다. 나지막한 목소리로 아들을 부릅니다.

"아들아, 이걸 가지고 가거라. 어디서든 몸에서 떼어놓지 말거라."

아들은 깜짝 놀랐습니다. 어머니가 건네준 것은 작은 청동상이었는데 이게 웬걸, 남자 성기 그것도 화가 잔뜩 난(?) 모습의 성기상이었기 때문입니다. 어머니가 단호한 표정으로 말합니다. "파시눔이야. 이게 널 악마로부터 보호해 줄 거란다. 옆집 청년도 이걸 가지고 다녀 전쟁에서 무사 귀환했단다."

'파시눔'Fascinum은 고대 로마의 부적과도 같았습니다. 이 시기 사람들은 남근상을 귀히 여겼지요. 집 앞에도 걸어두고, 몸에 소지하는 펜던트로 활용하기도 했습니다. 남근이 악으로부터 자신들을 지켜줄 것이라 믿었기 때문입니다. 고대 로마만의 이야기는 아닙니다. 중세 성당이나 우리나라에서도 괴상한 모습의 물체로 안녕을 기원하는 일이 많았습니다.

© Marie-Lan Nguyen

• 로마 청동 부적 파시눔의 한 형태.
기괴한 모습의 남근 청동상이다.
폼페이에서 발견됐고, 현재
나폴리 국립고고학박물관에 소장돼 있다.

남자 성기를 숭상한
고대 로마 사람들

고대 로마에서는 남근 성기를 숭상했습니다. 고대 국가 대부분이 그러하듯, 남성 성기는 다산의 상징이었기 때문이지요. 로마의 여섯 번째 왕이었던 세르비우스 툴리우스의 탄생 설화만 봐도 그렇습니다. 얘기는 이렇습니다.

어느 날 갑자기 육체가 없는 남근이 난로에서 확 튀어나와 처녀와 관계합니다. 열 달 뒤에 세르비우스가 태어났지요. 그는 로마의 여섯 번째 왕으로 즉위해 조국의 태평성대를 이끌었습니다. 육체 없는 남근상은 신성성 그 자체였음을 증명하는 전설이 됐지요.

남근상은 종종 악과 싸우는 도구로도 여겨졌습니다. 당시 지중해 국가 시민들은 악을 상징하는 '눈'을 상상하고는 했습니다. '악마의 눈Evil Eye'이었지요. 시민들은 이민족이 침략하면 야만족들이 악마의 눈을 이용해 자신들의 나라를 유린한다고 생각했습니다.

이 눈에 대항할 무기가 필요했고, 고대 로마에서는 이걸 파시눔, 남근상으로 삼았던 것이었지요. 소년들은 '불라Bulla'라는 이름의 남근상 부적을 지니고 다니기도 했습니다. 지금도 고대 로마 유적지 곳곳에 발기한 남성 성기 모습이 세워진 이유입니다. 이 파시눔으로부터 영어단어 'fascinating(매혹적인)'이란 말이 파생됐지요.

우리나라에서도 발기되거나 혹은 성교하는 모습의 신라 토우상이 여럿 출토되기도 했습니다. 정확한 용도는 기록이 없어서 확신할 수 없으나, 학자들은 이를 풍농, 풍어, 다산, 죽은 이의 부활을 염원하는 유물로 추정합니다. 조선시대의 선돌도 남근 숭상의 한 예로 여기지요. 고대 로마와 우리 역사의 연결고리인 셈입니다.

• 2세기 고대 로마가 지배한 리비아 지역에서 발굴된 유적.
남근 파시눔이 악마의 눈에 사정을 하는 모습.

• 신라 시대 유물인 토우에는
큰 성기를 묘사한
사례가 많다.

괴물이 너희를 보호하리라
중세 성당에 새긴 이단적(?) 상상

역사적으로 안녕을 염원하는 상들은 오늘날 보면 이상한 모습인 것이 대다수입니다. 고대 로마뿐만 아니라 중세 유럽에서도 마찬가지였지요.

유럽 고딕양식의 성당을 여행해볼까요. 성당 외벽을 살펴보면 유독 이상한 모습의 괴물이 붙어 있는 것을 발견할 수 있습니다. 용이나 사자처럼 생긴 괴물 모습을 한 '가고일gargoyle'이지요. 여기에도 전설이 하나 있습니다.

고딕양식이 본격화하기 전 7세기 프랑스 메로빙거 왕조 때입니다. 루앙의 주교였던 로마누스는 성당에서 미사를 보고 있었지요. 그런데 갑자기 박쥐 날개, 긴 목, 입에서 불을 뿜는 용이 나타납니다. 가고일이었습니다. 로마누스 주교가 이를 십자가로 제압했다는 일화가 전해지지요.

가고일의 몸은 십자가를 맞고 불에 탔지만, 머리와 목은 온전했다고 전설은 전합니다. 이를 로마누스 주교가 교회 벽에 부착했지요. 다른 악령들이 이 가고일의 참상을 보고 접근하지 못하도록요. 기독교 성당에 웬 이단 악마 구조물일까, 하는 생각이 들 수 있습니다. 여기에는 포교의 어려움도 자리합니다.

고대나 중세 초 유럽에는 아직 기독교가 완전히 퍼지지는 않았습니다. 이교도들은 아직 정령이나 신령 같은 애니미즘적인 토착 신앙을 믿었지요. 글도 모르는 문맹인 이들에게 무작정 "예수님이 유일한 구세주이며, 사랑이십니다"라고 가르치는 건 의미 없는 일이었습니다. 차라리 예수 그리스도의 전지전능함으로 그들이 믿는 괴물을 물리쳤다고 시각적으로 표현해주는 것이 현실적인 포교 방법이었지요. 성당의 웅장함과 더불어 신의 위대함을 과시하는 수단이었던 것입니다.

음부를 벌린 여자가
성당에?

잉글랜드와 아일랜드 지역에서도 외설스러운 기괴함이 두드러집니다.
성스러운 성당 곳곳에 신자들을 향해 음부를 벌린 상들이 있어서입니다.
기원에 대해서는 학설이 분분합니다. 종교학자 미르체아 엘리아데는 자

© Jononmac46

• 영국박물관에 있는 아일랜드의 노파 여신 실라 조각상. 음부를 벌리고 있는 모습이다.
•• 학자에 따라 여성 조각상이 성기를 보여주는 것은 '퇴마' 의 한 형태라고 설명하기도 한다.
1762년 프랑스 설화집에 나온 한 삽화.

신의 저서 『종교 백과사전The Encyclopedia of Religion』(1986년)을 통해 하나의 스토리를 제공합니다.

고대 아일랜드 신화에서 실라라는 여신이 있었습니다. 그녀는 정욕에 찬 노파였기에, 남자들 대부분은 그녀를 거절했지요. 그런데 딱 한 남자만이 그녀를 받아들였습니다. 그가 그녀와 관계를 가졌을 때 그녀는 그에게 왕권을 부여했지요. 그러자 실라는 아름다운 처녀로 변합니다. 미녀와 야수의 성별이 역전된 이야기라고나 할까요.

일부 학자들은 이것이 정욕에 대한 경고라고 주장하기도 합니다. 당시 기독교 사회는 성적으로 굉장히 보수적인 관점을 취했지요. 육신이 지은 수치심을 이 이미지를 통해서 각인시키려고 했다는 해석입니다.

경복궁 지붕에
웬 원숭이와 돼지가?

하나의 상으로 풍요와 안녕을 기원하는 일은 비단 서양의 일만은 아닙니다. 이제 우리나라로 가볼까요. 경복궁이나 창덕궁 지붕 위 추녀마루에 놓인 형상 여러 개를 쉽게 볼 수 있습니다. 이를 잡상이라 했지요. 이 상들은 다름 아닌 『서유기』의 삼장법사, 손오공, 저팔계, 사오정 상입니다.

유교 국가인 조선에서 불교를 배경으로 한 『서유기』는 환영받는 작품이 아니었습니다. 하지만 임진왜란 이후 목조 건축물이 불에 많이 타면서 지푸라기라도 잡는 심정으로 잡상을 도입하지요. 『서유기』는 고려 말부터 유명한 작품이었으므로 잡상으로 활용하기에 적합한 소재였습니다. 화를 막고 복을 기원하는 마음이 절실했기에 종교적인 명목은 잠시 접어둔 것이었지요.

맨 앞자리는 삼장법사인 대당사부가, 두 번째는 손오공인 손행자, 나머지는 저팔계가 자리합니다. 궁궐에 따라 사오정이 나오는 곳도 있고 안 나오는 곳도 있다지요. 궁의 또 다른 주인공 해태 역시 화재를 막아주는 영물로 통했기에 장식물로 각광을 받았습니다.

성당에 등장한
다스베이더

오늘날 현대인들도 전통을 재치 있게 계승합니다. 사진부터 볼까요.

12세기 중엽에 건축된 영국 스코틀랜드의 페이즐리 수도원입니다. 영화 〈에일리언〉에 나오는 괴물 제모노프입니다. 12세기 건축물에 1979년 영화 캐릭터가 있는 이유는 무엇일까요?

스코틀랜드 지방은 비가 많이 와서 석조 건축물을 정기적으로 보수해야 합니다. 빗물받이 역할을 하는 가고일은 침식되기가 더욱 쉬운 구조이지요. 1991년 페이즐리 수도원의 외벽을 보수할 때 열두 개의 가고일을 교체합니다. 이때 한 석공이 〈에일리언〉의 영화 속 캐릭터와 가고일의 모습이 닮았다고 여기고, 이처럼 바꿔버린 것이지요. 영화 '덕후'가 역사를 하나 새로 쓴 셈입니다.

다음은 미국 워싱턴 D.C.에 위치한 워싱턴 국립 대성당입니다. 여기에도 영화 〈스타워즈〉에 나오는 다스 베이더가 가고일을 대체하고 있지요. 1980년대 완공을 앞둔 성당에서 어린이들을 대상으로 성당 조각 경연 대회를 열었다고 합니다. 한 어린이가 〈스타워즈〉의 다스 베이더

캐릭터를 그려내 3등을 차지했지요. 조각가였던 제이 홀이 성당에 다스
베이더를 새겨 넣은 배경입니다. 이를 용인한 성당의 포용력도 훌륭합
니다.

　한옥 한 채를 짓는 상상을 해봅니다. 제가 지은 집의 추녀 잡상엔 무
엇을 올려야 할까요. 에스파의 블랙맘바나 뉴진스의 토끼는 어떨까요.
역사는 전통의 계승과 변용 속에서 향기를 더하기 마련입니다. 여러분
의 한 해 안녕을 기원합니다. 우리네 선조가 잡상을 바라보며 그러했듯
이요.

10

악어똥까지?
기상천외한 피임법

＊＊＊

◇ 고대 이집트에서는 악어똥을 활용한 피임법을 썼다. 그리스에서도 피임 방법으로 여러 식물을 바르는 것을 추천했다.
◇ 중세에 전염병이 창궐한 뒤, 원시적 형태의 남성용 피임기구가 등장했다. 피임보다는 성병을 막기 위해서였다.
◇ 맬서스의 『인구론』은 피임의 공론화를 불렀고, 크게 성공했다.
◇ 피임은 가부장 문화 속에서 생식 능력을 좌우하려는 여성들의 노력이었다. 저출산 국가인 대한민국이 새겨야 할 고언일지도 모르겠다.

동물 창자에서 핫소스까지
기상천외한 피임의 역사

뜨겁기 그지없는 잠자리였습니다. 오랜 시간 선망해온 스타와의 하룻밤이었기 때문입니다. 무대에서의 카리스마만큼이나 침대에서도 그의 능력은 사뭇 달랐습니다. 만족감은 충분했고 몸에는 나른한 기운이 흘렀습니다. 이내 스르륵 잠이 들었습니다.

단잠에서 깨어나니 문득 욕심이 나기 시작했습니다. '글로벌 스타인 이 사람의 아이를 가지면 어떨까.' 평생 돈 걱정 없는 삶을 살 수도 있을 테고, 설사 헤어지더라도 위자료나 양육비를 두둑이 받을 수 있을 거라는 과욕이 마음을 채웠지요. 옆을 돌아보니 그는 아직 수면 중입니다.

화장실로 가서 휴지통을 바라봅니다. 마침 사랑의 징표(?)가 아직 남아 있습니다. 날짜를 계산해보니 아이를 갖기에 딱 좋은 날이었습니다. 사용한 콘돔을 집어 들고 '나 홀로 임신'을 시도합니다. 그런데 이게 웬일, 화끈한 기운이 확 올라옵니다.

'글로벌 스타는 체액마저 남다른가'라는 생각도 잠시, 인기척에 잠이 깬 그가 달려옵니다. "이럴 줄 알고 내가 핫소스를 넣었지." 그제야 깨닫습니다. 화끈함의 원인은 핫소스였다는 것을요.

글로벌 래퍼 드레이크가 지난 2021년 1월 겪은 일화입니다. 그와 하룻밤 정사를 나눈 한 여성이 이 사건을 공개하면서 숱한 화제를 불렀지요. '핫소스 콘돔'이라는 조소 섞인 반응도 많았습니다. 웬 드레이크의 핫소스 얘기냐고요? 피임의 역사에서 이보다 더한 방법이 많았기 때문입니다.

악어의 똥이
피임에 특효?

피임에 대한 최초 기록은 이집트 문명에서 발견됩니다. 무려 기원전 1825년의 문서 '카훈 메디컬 파피루스'에서입니다. 이 문서에는 다양한 산부인과 질환에 대한 기록으로 가득합니다. 악어똥을 활용한 피임법이 백미지요.

다만 문서가 여기저기 소실된 탓에 악어똥을 어떻게 하라고 하는지가 불분명했습니다. 일부 학자들은 악어똥을 자궁에 삽입했다고 주장했고, 또 다른 학자들은 악어똥을 태워서 그 향기를 맡는 방법을 썼다고 반박했지요.

• 기원전 1550년 기록된
고대 이집트의 에버스
파피루스에는 피임법에 대한
기록이 남아 있다.

기원전 1550년 전 작성된 '에버스 파피루스'에도 피임법이 자세히 기록돼 있습니다. "임신을 방지하기 위해서는 대추야자, 아카시아, 꿀을 양모에 발라 여성의 그곳에 넣어야 한다"고 기록돼 있었지요. 노동력이 중시되는 고대 농경사회에서도 임신이 언제나 환영받은 건 아니었다는 사실을 알 수 있는 대목입니다.

히포크라테스도, 아리스토텔레스도
엉터리 피임법 주장

고대의 의학 지식이 대개 그러하듯, 피임법도 엉터리인 경우가 많습니다. 구리와 소금을 물에 녹여 먹으면 1년 동안 임신이 안 된다는 헛소리도 고대 그리스에서 통용됐지요. 일개 약장수의 소리가 아니라, 의학의 아버지 히포크라테스의 주장이었습니다.

철학자 아리스토텔레스 역시 피임에 대해 고견을 남긴 학자였지요. 그는 성교 전에 삼나무 기름을 자궁에 바르도록 권장했습니다. 오일의 미끄러움으로 인해 수태가 힘들 것이라는 믿음에서였습니다. 물론 효과는 미미했지요. 위대한 의학자와 철학자도 피임에 관해서만큼은 미신을 믿었던 셈입니다.

10세기 당대 최고의 의술을 자랑하던 페르시아인들에게도 비슷한 피임법이 전해집니다. 의사 무하마드 이븐 자카리야 알라지는 코끼리똥, 양배추 등을 조합해 자궁에 넣으면 임신을 막을 수 있다고 썼지요. 여성 인권이 굉장히 낮은 시대였기에 피임의 의무가 주로 여성에게 지워졌습니다.

"피임은 신의 섭리에
어긋나노라"

어느덧 피임이 죄인 시대가 찾아옵니다. 기독교가 지배하는 중세 유럽에서였습니다. 기독교 교리에서 성교는 쾌락이 아닌 출산의 수단이어야만 했습니다. 그들에게 피임은 쾌락을 위한 섹스나 다름없었지요. 피임의 수난 시대였습니다.

하지만 현실의 고단함은 종교의 신성함을 때로 넘어서고는 했습니다. 이미 넘칠 대로 넘치는 아기를 더 이상 낳을 수 없던 가난한 부부들. 이들은 죄책감을 무릅쓰고 피임을 해야만 했지요. 딸린 식솔이 대여섯은

되는 와자지껄한 방. 야심한 밤이 찾아오면 그들은 사랑을 나누고는 했습니다. 그들이 생각하는 안전벨트를 매고 말이지요.

백합 뿌리와 관상용 식물인 유향을 자궁에 넣는 방법을 썼다고 합니다. 성교하는 동안 족제비 고환을 허벅지에 묶으면 임신을 막을 수 있었다는 민간신앙도 전해집니다. 신대륙 캐나다에서는 16세기부터 동물 비버를 피임에 활용합니다. 고환을 빻아서 위스키에 섞어 여자들에게 먹이면 임신을 막을 수 있다고 믿었지요.

• 중세 유럽에서 기독교는 도덕과 탐욕의 억제를 강조했지만, 민중의 삶은 이를 곧이곧대로 따르지만은 않았다. 사진은 네덜란드의 화가 대大 피터르 브뤼헐의 《사육제와 사순절 사이의 다툼》(1595년).

피임은 더 이상 여자만의
몫이 아니다

피임은 여성의 영역이었으나, 남성의 신체로 시나브로 옮겨 갑니다. 전염병 때문이었습니다. 15세기에 프랑스가 이탈리아를 침략하면서 매독이 창궐합니다. 병사들 사이에 성병에 걸린 사람이 폭증하면서 성기에 무언가를 덮어야 한다고 생각하기 시작한 것이었지요.

가톨릭 신학자인 가브리엘레 팔로피오는 리넨 천을 화학 용액에 적셔 성기에 덮을 것을 권했습니다. 그는 "1100명의 남성에게 이를 시험한 결과 그 누구도 무서운 질병에 걸리지 않았다"고 기록합니다. 원시적 형태의 콘돔이었습니다. 목적은 성병 방지였지만 결과는 피임이었던 것이지요.

시민혁명으로 내전에 돌입한 영국에서도 1640년부터 동물 창자나 방광을 이용해 콘돔을 만들었다는 기록이 전해집니다. 난봉꾼인 찰스 2세가 병사들을 위한 성기 보호용 기구를 '콘돔'이라는 이름의 백작에게 지시했다는 설도 있습니다. 역사학자들은 이를 두고 "전혀 확인되지 않는 이야기"라고 일축하지요. 콘돔이라는 이름 자체가 그 이전부터 왕왕 등장했다는 이유에서입니다.

• 1900년 동물 창자로
  만든 콘돔.

© Stefan Kühn

전쟁이 콘돔의
전성기를 낳았다

전쟁은 콘돔 확장의 촉매였습니다. 18
세기 유럽에서 잇따라 전쟁이 터지지
요. 오스트리아 왕위 계승 전쟁, 7년전
쟁, 프랑스혁명까지 잇따라 터집니다.
군인들은 전장에서도 자신의 성욕을
풀었고, 성병 역시 만연해져 갔습니다.
지휘부에서 콘돔 보급을 적극적으로
검토할 수밖에 없었던 배경입니다. 유
럽 전역의 펍, 이발소, 약국, 노천극장
에서 콘돔이 판매됩니다. 물론 이들 역
시 관심은 성병이었지 피임은 아니었
지만요.

• 콘돔의 안전성을 체크하는
카사노바(왼쪽 남성)를 묘사한 삽화.

　　이때 콘돔을 피임용으로 사용했다
고 전해지는 최초의 인물이 카사노바입니다. 그는 구멍이 났는지 확인하
기 위해 콘돔에 바람을 넣어봤을 정도로 철저한 위인이었지요.

맬서스의 『인구론』이
불러온 피임 공론화

피임에도 철학이 깃들기 시작합니다. 계몽주의 시대에 그랬습니다. 우리

에게도 유명한 영국의 경제학자 토머스 맬서스의 등장 때문입니다. 유럽을 강타한 저작 『인구론』(1798년)에서 그는 이야기하지요.

"인구는 기하급수적으로 증가하나, 식량은 산술급수적으로 증가한다. 기근·빈곤·악덕은 필연이다."

마블 시리즈 〈어벤져스〉의 빌런인 타노스 역시 이런 이론에 근거해 인류의 절반을 사라지게 만들었지요.

맬서스는 "결혼이나 성교를 아예 하지 말아야 한다"는 전위적인 주장을 펼칩니다. 신실한 종교인이었기 때문에 기독교적으로 죄악인 피임을 설파할 수는 없었기 때문이었죠.

하지만 그의 계승자들은 맬서스의 이론을 토대로 피임 옹호를 펼치기 시작합니다. 성교는 인간의 본성인 만큼 이를 막는 건 불가능하니 피임은 필수적이라는 주장이었습니다. 1877년 영국에서 '맬서스 리그'라는 사회단체가 탄생하게 된 배경입니다. 이들은 피임 문제에 대한 공교육의 필요성을 강조했습니다. 피임을 처벌하는 법적 사회적 관행에도 반기를 들었지요.

맬서스 리그는 유럽에 반향을 일으킵니다. 이와 비슷한 사회조직 단체가 독일, 프랑스, 네덜란드에 구성됐지요. 유럽의 출산율이 떨어진 시기와 정확히 일치합니다.

콘돔의 등장 후
벌어지는 격론

1839년 피임의 역사에 한 획이 그어집니다. 타이어 개발자인 찰스 굿이어가 천연고무로 고무 콘돔을 발명한 것입니다. 영국 극작가 조지 버나드 쇼가 "19세기 가장 위대한 발명품"이라고 했을 정도입니다. 그만큼 당시 세계인들은 신축성 있는 콘돔에 열광했지요.

콘돔의 대량생산만큼이나 사회적 격론도 치열해집니다. 기독교 국가에서 어떻게 대놓고 피임을 조장하는 제품을 판매할 수 있느냐는 반대 의견이었지요. 특히 미국의 보수적인 성향의 주와 아일랜드 같은 국가에서 그랬습니다. 실제로 미국 내 30개 주에서는 콘돔 생산을 중지하는 법안Comstock laws이 통과되기도 했지요. 아일랜드에서는 1889년 음란광고법이 제정됨에 따라 콘돔 광고가 불법으로 규정됩니다.

제2차 세계대전 당시 이탈리아와 독일에는 파시즘과 나치즘 정권이 각각 들어섭니다. 민족적 우월성을 내세워 피임을 전면 금지하기도 했지요. 우월한 백인 민족이 아이를 많이 낳아야 열등한 황인, 흑인, 유대인에 대항할 수 있다는 이유에서였습니다.

인류는 늘
피임을 해왔다

맬서스의 『인구론』이 세상을 뒤흔든 지 200년이 훌쩍 지났습니다. 그의 이야기와는 정반대로 식량은 크게 늘어가는데, 인구는 오히려 급격히 줄어듭니다. 출산율이 급락한 대한민국에서는 더욱 그렇지요. 경제학자들은 '인구절벽'이 우리나라의 가장 큰 리스크라고 지적합니다. 맬서스의 『인구론』은 폐기된 이론인 셈입니다. 특히 대한민국에서는 더욱 그러합니다.

난제입니다. 인구절벽을 해결하는 문제는요. 인류는 언제나 '사랑의 결과물'인 임신을 피하기 위해 최선을 다해왔음을 피임의 역사가 증명합니다. 대한민국 출산율은 피임 때문만은 아니겠지만요.

역사학자 앵거스 맥래런은 이렇게 말했습니다. "역사적으로 피임은 가부장 문화 속에서 여성들이 자신의 생식 능력을 좌우하려는 노력의 하나로 지속돼왔다." 어쩌면 우리 사회가 새겨들어야 할 고견일지도 모릅니다.

11

고대 목욕탕에서
이루어진 성매매

＊＊＊

◇ 고대 그리스인들은 목욕을 숭고한 의미로 즐겼다. 고대 로마에서는 목욕 문화가 퇴폐와 연결되기도 했다.

◇ 기독교가 유럽에 자리 잡으면서 목욕 문화는 쇠퇴했다. 목욕을 쾌락의 일종으로 봤기 때문이다.

◇ 계몽주의가 종교의 자리를 대신하면서 위생 관념이 자리 잡기 시작했다. 목욕의 부활이었다.

◇ 우리나라도 고려시대에 발달한 목욕 문화가 조선시대 유교의 벽에 부딪혔다.

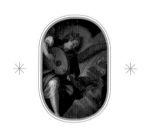

엘리자베스 1세
성군과 악취 사이

그녀는 일찍이 본 적이 없는 성군이었습니다. 혼란한 상황에서 즉위해 나라를 안정적으로 이끌었기 때문입니다. 강대국으로 둘러싸인 환경에서도 그녀는 조국의 이익을 철저히 추구한 실리주의자였습니다. 적들도 그녀의 치세를 인정할 수밖에 없었습니다. 붉은빛이 도는 금발, 검은 눈동자, 생기가 넘치는 얼굴, 170센티미터를 훌쩍 넘는 키 역시 그녀의 매력을 더해주었지요. 한눈에 봐도 여장부였음을 누구나 느낄 수 있었습니다.

그러나 그녀와 지근거리에 있던 사람들의 평가는 사뭇 달랐습니다. 생각지도 못한 그녀의 '악취'가 원인이었습니다. 한 달에 한 번씩만 목욕하는 성향이 평판을 망가뜨렸지요. 양치질도 거의 하지 않았지만, 단음식은 입에 달고 살았습니다. 입에서 달콤한 향기가 날 것이라고 생각해서였지요. 오늘날 치위생학이 증명하듯, 그녀의 이는 썩어갔습니다. 결과는 끔찍한 구취. 영국의 전성기를 이끌던 엘리자베스 1세 여왕의 이야기입니다.

엘리자베스 1세가 그저 지저분한 사람인 것은 아니었습니다. 중세 유럽에서는 목욕에 대한 반감이 있었기 때문이지요. 불결이 일종의 시대정신이라고 해야 할까요. 청결을 지상과제로 여기는 현대와는 사뭇 달랐습니다. 역사 속 목욕은 '냉탕과 열탕'을 오간 셈이지요.

• 국왕 대관식에서 예복을 입은
잉글랜드의 엘리자베스 1세 여왕.
작자 미상.

"유레카."

인류에 가장 많이 알려진 목욕 장면입니다. 고대 그리스 철학자이자 수학자인 아르키메데스는 욕탕에 몸을 담그면서 부력의 원리를 발견합니다. 고대 그리스인들이 목욕을 즐겼다는 방증입니다. 호메로스가 쓴 『오디세이아』에도 주인공 오디세우스가 목욕하는 장면이 묘사돼 있지요. 기원전 800년의 기록입니다. 목욕의 역사가 인류사만큼이나 유구함을 알 수 있습니다.

고대 그리스인들은 목욕을 치료의 도구로도 생각했습니다. 기원전 5세기 의학의 아버지 히포크라테스는 "찬물과 뜨거운 물에 몸을 차례

● 목욕하는 그리스 철학자
아르키메데스를 묘사한
16세기 삽화.

로 담그면 신체 영양분이 골고루 흡수되고 두통도 해소된다"고 말했습니다. 고대 그리스인들은 목욕을 중히 여겼기에, 아기가 태어날 때도 깨끗한 물로 목욕시켰습니다. 일종의 통과의례처럼 말이지요. 세상을 떠난 이의 육신도 정해진 의식에 따라 깨끗이 씻겼습니다. 그리스인 삶의 시작과 끝에는 목욕이 있었던 것이지요.

로마의 목욕탕에서는
퇴폐의 향기가 난다

고대 그리스인들이 목욕을 경외의 느낌으로 바라봤다면, 고대 로마에서 목욕은 쾌락과 연결됩니다. 고대 로마 지도자의 권력 기반은 '빵과 서커스'였습니다. 먹을 것과 유흥을 통해 시민의 마음을 사로잡았던 것이지요. 이 서커스 중 하나가 목욕이었습니다. 목욕탕에서 일종의 성매매가 이뤄졌기 때문입니다.

고대 로마인들은 나체로 따뜻한 물에 들어가서 느끼는 기분 좋은 나른함을 성교와 연관 지었습니다. 화산 폭발로 사라진 폼페이의 한 목욕탕에는 목욕하는 사람들의 성교 모습을 적나라하게 묘사한 그림이 남아 있지요. 당시 목욕탕이 매매춘의 장소였다는 것을 방증합니다.

역사학자 에드워드 기번이 『로마제국 쇠망사』에서 "온수욕에 의해 로마는 무너졌다"고 한 이유도 여기에 있습니다. 쾌락만이 지배 논리로 군림하는 나라는 오래 존속할 수 없다는 통찰이지요.

목욕탕을 매춘 장소로 이용한 것은 로마제국이 무너진 이후에도 지속됩니다. 12세기 후반 잉글랜드 헨리 2세는 목욕탕이 집단으로 들어선

● 고대 폼페이 교외 목욕탕에서 발견된 프레스코화에는
외설적인 그림이 많이 그려져 있다.
목욕탕이 매춘 업소로 이용됐을 가능성이
제기되는 대목이다.

서더크 지역을 합법적인 성매매 집결지로 인정하기도 했지요. 현재 독일에서도 사우나 시설이 성매매 업소로 이용되기도 합니다. 고대 로마의 관습이 현재까지 맥을 잇고 있는 셈입니다.

기독교, '불결'을
신념으로 삼다

기독교 공인 이후 목욕은 그야말로 철퇴를 맞습니다. 목욕을 일종의 쾌락 행위로 보아 삼가야 할 행위로 규정했기 때문입니다. 영혼과 육체를 철저히 구분한 기독교에서는 인내를 강조했지요. "우리가 숭상해야 할 것은 영혼이지 육체가 아니"라는 목소리였습니다. 육체에 행복을 주는 쾌락 행위는 죄악시한 것입니다. 목욕 행위는 몸에 안락함을 주는 행위였기에 용인할 수 없게 되었지요. 고대 로마인들이 목욕탕 내에서 매춘 행위를 자주 했던 것 역시 기독교인들이 목욕을 배척한 배경으로 작용합니다.

　초기 성인들 역시 불결을 훈장처럼 달고 살았습니다. 여성 성인 아그네스는 30년의 삶 동안 몸의 어느 부분도 씻지 않은 것으로 유명합니다. 잉글랜드의 성인인 고드릭 역시 씻지 않고 예루살렘까지 걸어갔지요. 아시시의 성 프란체스코는 더러움을 찬미합니다. 히에로니무스(성 제롬)은 "온수욕은 여성의 성욕을 불러일으킨다"며 편견을 드러냈습니다.

　중동의 문학 작품인 『천일야화』에는 "기독교인 아기는 태어날 때 머리에 물을 붓는데, 이후에는 평생을 씻지 않는다"고 기록돼 있습니다. 타 종교에 대한 경멸이 담긴 표현이겠지만, 당시 상황을 고려했을 때 일

● 성 프란치스코는 더러운 몸이 신앙을 나타내는 상징이라고 했지만,
나병 환자를 직접 씻어주는 선행을 베풀기도 했다.
그림은 스페인 화가 프란시스코 리발타가 그린 〈천사의 음악으로 위로받는 성 프란체스코〉.

말의 진실을 담고 있습니다. 다만 기독교인들 역시 치료 목적을 위한 아픈 사람의 온수욕이나 수도승들의 주기적 냉수욕은 간헐적으로 용인했지요.

이슬람의 목욕 문화
기독교 문명에 스며들다

전쟁은 칼의 대립임과 동시에 문화의 교환입니다. 1095년 이슬람과 기독교 문명이 충돌한 십자군 원정으로 중세 유럽의 목욕 문화에 변화가 찾아옵니다. 예루살렘에서 생활한 십자군이 중동식 목욕 문화를 경험하면서였습니다. 동방식 목욕탕인 '맘'의 등장이었지요.

　　문화는 물과 같은 속성이어서, 문명 곳곳으로 퍼져 나갔지요. 1292년 파리에 목욕탕 스물여섯 개가 자리를 잡았을 정도입니다. 14세기 런던에도 목욕탕 열여덟 개가 성업 중이었다고 전해집니다. 목욕의 르네상스가 왔다고 선언할 무렵, 시련은 다시 찾아옵니다. 14세기 유럽을 덮친 흑사병이었습니다.

흑사병, 목욕탕을
폐허로 만들다

1347년부터 시작한 유럽 흑사병은 수천만 명의 목숨을 앗아갔습니다.

왕도, 영주도, 교황도, 주교도 속수무책이었죠. 1348년 프랑스 필립 6세
는 파리대학교 의학부 교수들에게 역병의 원인을 규명하도록 지시합니
다. 그들이 내놓은 방대한 분량의 책이 『오피니웅』이었지요.

　　교수들은 토성과 목성, 화성이 겹치는 날 질병을 일으키는 증기가
공기를 오염시켰다고 주장했습니다. 그들은 또 절대 해서는 안 될 행위
를 규정합니다. 바로 목욕이었습니다. 뜨거운 목욕으로 사람의 몸이 축
축해지고 피부에 구멍이 열리면, 역병이 온몸에 쉽게 침투한다고 설명한
것입니다.

　　1450년 샤를 7세의 주치의 파르는 파리의 목욕탕을 폐쇄할 것을

요구하기도 했습니다. 지난 팬데믹이 노래방과 클럽을 문 닫게 한 것처럼 말입니다. 그러나 현대 의학이 규명한 대로 지저분한 사람일수록 페스트균에 감염되기가 더 쉬웠습니다. 목욕탕이 줄어들수록 흑사병 사망자는 더 늘어날 수밖에 없는 구조였던 것이지요.

1538년 프랑수아 1세가 프랑스의 목욕탕을, 1546년에는 헨리 8세가 서더크 지역을 폐쇄했습니다. 시대의 지성 데시데리위스 에라스뮈스는 이렇게 말합니다. "새로운 역병이 찾아오는 바람에 목욕탕은 피하는 것이 상책인 걸 알았다." 목욕탕은 다시 싸늘하게 식어갑니다.

냄새나는 군주들
린넨 셔츠 전성시대

흑사병은 유럽의 군주들이 불결의 대왕으로 자리한 배경입니다. 목욕 문화가 전염병 창궐 이후 싹 사라지면서, 이들 역시 물을 경원시했던 것이었지요. 엘리자베스 1세 역시 마찬가지였습니다. 프랑스의 세종대왕으로 통하는 앙리 4세는 체취로 악명이 높았지요. 그의 아들 루이 13세는 이런 말을 남겼을 정도입니다. "짐은 선왕을 닮아 겨드랑이 냄새가 심하게 난다"고요. 태양왕 루이 14세 역시 씻지 않은 건 마찬가지였습니다.

그렇다고 이들이 위생을 완전히 신경 쓰지 않은 건 아니었습니다. 그들은 아마포(린넨) 셔츠를 입으면 신체가 깨끗해진다고 여겼습니다. 순백의 아마포가 땀과 기름을 모두 흡수한다고 믿었기 때문이지요. 그들은 목욕 대신에 셔츠를 매일 갈아입으며 '개운하다'고 생각했을 것입니다.

흑사병이 잠잠해지자 유럽에 다시 목욕 문화가 찾아옵니다. 특히 바닷물에 몸을 담그는 해수욕이 각광을 받았지요. 철학자 존 로크는 『교육론』에서 사내아이의 발을 바닷물에 담그면 몸을 단련하는 효과가 있다고 했습니다. 영국인 의사 리처드 러셀은 1750년 바닷물이 수백 가지 질병을 치유한다는 책을 써 큰 성공을 거두기도 했고요.

• 에드가 드가는 목욕 후 몸을 말리는 여인을 많이 그린 화가로도 유명하다.
  그만큼 목욕이 대중화됐다는 방증이다. 1890년대 작품.

목욕의 귀환이었습니다. 1842년 영국에서는 빈민을 배려한 목욕 시설도 등장하기 시작했습니다. 그만큼 목욕이 대중에게 필수적이라는 의미였지요. 1846년에는 '목욕당 및 세탁장법'이 제정되어 자치도시가 공공의 목적으로 시설을 짓고 관리할 권한을 갖게 됐습니다. 최하급 목욕탕이 2펜스 이상 가격을 받지 못하도록 규정했지요. 종교가 좌지우지하던 목욕 문화가 계몽주의의 등장으로 부활을 맞이한 셈입니다.

종교에 영향을 받은
우리나라 목욕 문화

"그들(고려인)은 중국인이 때가 많은 것을 비웃는다." _「선화봉사고려도경」에서

송나라 사신 서긍이 1123년 고려 개경에 한 달 동안 머문 뒤 쓴 책인 『선화봉사고려도경』의 한 대목입니다. 그만큼 고려 사람들이 몸을 깨끗이 씻었다는 것을 알 수 있지요.

이 책에는 고려인들이 얼마나 목욕을 사랑하는지 보여주는 구절이 많습니다. "그들은 아침에 일어나면 먼저 목욕을 한 후 집을 나서며, 여름에는 하루에 두 번씩 목욕한다. 흐르는 시냇물에 많이 모여 남녀 구별 없이 모두 의관을 언덕에 놓고 물이 흐르는 것을 따라 속옷을 드러내는 것을 부끄럽게 여기지 않는다." 마치 고대 로마인들의 목욕 사랑을 보는 듯합니다.

기독교가 목욕을 몰아냈듯이 조선시대에는 유교가 씻는 행위에 변화를 불러옵니다. 유교 사상에서 알몸 전신욕은 예법에 어긋나는 일로

여겼기 때문입니다. 고려의 혼욕과 알몸 노출 목욕을 조선에서는 불온한 행위로 간주한 것이지요. 조선시대에는 가옥에 목욕탕이 별도로 없었으며, 왕실에서도 나인이 별도로 목욕물을 준비했다고 전해집니다.

고려와는 달리 조선시대 사람들은 부분욕을 했습니다. 낯 씻기, 손 씻기, 발 씻기, 뒷물(항문 씻기), 이 닦기, 머리 감기가 있었지요. 하루에 꼭 하는 부분욕은 세수, 이 닦기, 뒷물이었습니다. 기독교와는 달리 최소한의 위생을 지켰던 것이지요. 전신욕은 연례행사였습니다. 음력 3월 3일, 5월 5일, 6월 15일, 7월 7일, 7월 15일 등 늦봄에서 늦여름까지 행해졌다고 하지요. 추울 때 목욕하기 싫은 것은 예나 지금이나 진리입니다.

유교의 영향이 짙게 배어 있었기 때문일까요. 1905년 우리나라에 대중목욕탕이 처음 들어왔을 때는 금방 문을 닫았습니다. 모르는 사람들끼리 벌거벗고 있는 첫 사제가 이상해서였지요. 500년 진 고려와 힘께 사라진 풍습이 쉽게 부활할 수 없었던 것입니다.

롯데 신격호 회장 역시 고향 울산에서 대중목욕탕 사업을 하려다 동네 시골 어르신들의 반대로 접었다는 일화가 남아 있지요. 그는 그 길로 일본에 가서 굴지의 사업가로 성공합니다. 만약 목욕탕 사업이 자리를 잡았다면 롯데라는 그룹은 존재하지 않을 수도 있는 셈이지요.

목욕탕에서 추억에
잠겨보세요

끈적한 여름이 막이 올라 땀이 송글송글 맺히는 날, 욕탕에 몸을 담그고 생각에 빠져봅니다. 이 탕은 누군가에게는 욕망의 대상이었고, 어떤 이에게는 저주의 대상이었으며, 또 다른 여러 사람에게는 추억의 장소였음을요. 저에게 목욕탕은 자상하게 웃으며 등을 밀어주는 아버지, 맥반석 달걀과 함께 먹는 고소한 우유를 떠올리게 하는 매개입니다.

개운한 기분, 든든한 배로 아버지 손을 잡고 목욕탕을 나섰던 어린 시절이 아련합니다. 목욕탕에서 새어 나오는 수증기에 우리네 추억도 역사도 그렇게 흘러갑니다.

12

사회주의자들은 왜
남자끼리 키스하나

✳✳✳

◇ 사회주의 국가의 정상들은 국가 간 우정을 강조하기 위해 키스를 하
  고는 했다. 존중을 나타내는 동방정교회의 영향을 받아서였다.
◇ 기독교 문명에서도 존중을 표현하는 의미로 키스가 행해졌다. 흑사
  병 이후로 키스 문화는 주춤했다.
◇ 할리우드의 영향으로 연인 간의 공개 키스가 보편화되기 시작했다.
◇ 키스합시다. 우리가 사랑하는 이들을 볼 수 있는 지금 이 순간에 감
  사하면서.

사회주의 리더들은 왜
남자끼리 키스를 했나

두 거물의 만남이었습니다. 사회주의의 국가를 대표하는 정상들이 한자
리에 모인 것이었지요. 육중한 체구에서 카리스마가 뿜어져 나옵니다.
두 사람의 패기에 주변 사람들은 식은땀을 흘릴 정도였습니다.

　그런데 이 두 사람 가까이 다가가더니 갑자기 입을 맞추기 시작합
니다. 볼에 살짝 입을 갖다 대는 정도가 아니었습니다. 입술과 입술이 정
확히 포개집니다. 마치 연인인 것처럼요. 세계 언론이 주목하는 외교적
현장, 숨겨왔던 자신의 정체성을 드러낸 것이었을까요. 할리우드 퀴어
영화의 한 장면처럼요.

　동독의 지도자 에리히 호네커가 소련의 총서기장 레오니트 브레즈

• 1979년 동독 탄생 30주년을 맞아 소련 서기장 레오니트 브레즈네프(왼쪽)가
  동독 총리 에리히 호네커에게 키스하는 모습을 묘사한 그림.
  지금의 기준으로 봐도 정말 진한 키스였다.

네프를 만났을 때 벌어진 일이었습니다. 1979년 동독 건국 30주년 기념
행사에서 두 사람이 느닷없이 진한 키스를 나눈 것이었지요.

　　그러나 주변 사람들은 전혀 당황한 기색이 없었습니다. 무척이나
자연스러운 듯이 받아들였지요. 사회주의에서는 가까운 국가의 정상들
이 입을 맞추는 것이 관례였기 때문입니다. 우리 눈에는 매우 당혹스러
워 보이는 문화이지만, 키스라는 행위는 여러 문화에서 다르게 해석되기
마련입니다. 우리 문화에 어색하다고 그것이 남에게도 부자연스러운 것
은 아니라는 의미이지요.

사회주의자들은 왜
남자끼리 키스했을까

냉전 시대의 사회주의 리더들은 키스로 유대감을 표시했습니다. 문화적
으로 가까운 자본주의 세계 지도자들보다 훨씬 '끈적한' 스킨십을 보여
줬지요. 기본적인 관계에서는 포옹을, 조금 가까운 사이면 볼 키스를 했
으며, 형제와 같은 지도자끼리는 입을 맞췄습니다. 키스에 관용적인 유
럽에서도 남자끼리 입을 맞추는 일은 드물었기에 학자들은 이를 '사회
주의 형제애 키스Socialist fraternal kiss'라고 불렀지요.

• 1916년 니콜라이 2세가 군인에게 키스를 받는 모습.
　러시아 문화에서 남성간의 키스가 어떻게 통했는지 알 수 있는 장면.

이들의 키스에는 맥락이 숨어 있습니다. 바로 종교입니다. 공산권 국가인 러시아와 동유럽에서는 로마가톨릭교와 1000년 전부터 본격 분리된 동방정교회의 영향을 크게 받고 있었지요.

동방정교회에서는 종교적 존중의 표현으로 입맞춤을 하고는 했습니다. 사회주의 국가가 들어서기 전인 러시아제국에서도 군인과 장교 사이에 키스가 있었던 것으로 전해지지요. 일찍이 사회주의 이론을 완성한 카를 마르크스가 "종교는 인민의 아편"이라고 선언했지만, 개개인의 생활 깊숙이 스며든 종교의 영향을 완전히 배제할 수는 없었습니다.

동방정교회가 키스에 관대한 건 초기 기독교가 '평화의 입맞춤'을 강조했기 때문입니다. 기독교 초창기 때는 영적인 헌신의 표현으로 키스를 권장했지요. 사도 바울은 "거룩한 입맞춤으로 서로 경의를 표하라"고 말했습니다. 로마서, 고린도전서, 베드로전서에도 같은 구절이 수시로 반복되지요. 동방정교회는 로마가톨릭보다 초기 기독교의 모습을 갖췄던 탓에 동성 간 키스 문화가 좀 더 오래 남아 있었던 것으로 추정됩니다.

사회주의 형제애 키스는 제2차 세계대전 이후 퍼져 나갑니다. 소련의 주도로 동유럽, 남미, 남아프리카, 팔레스타인 등지에 사회주의 권력이 힘을 얻으면서 키스 문화도 함께 퍼진 것이었지요. 진한 포옹과 키스는 두 사회주의 국가가 얼마나 서로를 신뢰하는지를 보여주는 지표였습니다. 반대로 이를 생략한다는 것은 두 나라의 관계가 틀어졌음을 의미했습니다.

중국과 소련의 관계가 소원해진 이후인 1957년 니키타 흐루쇼프가 베이징을 방문했을 때였습니다. 흐루쇼프가 마오쩌둥을 포옹하려고 하자, 마오쩌둥이 뒤로 물러서면서 대신 악수를 청했지요. 그들의 관계가 봉합되지 않았음을 보여주는 장면이었습니다. 신체 접촉을 꺼리는 유교 문화도 마오쩌둥의 행동에 영향을 주었을 것이라는 분석도 나옵니다.

키스를
금기시하는 나라들

사회주의 형제애 키스가 증명하듯, 키스는 언제나 연인 간의 전유물은 아니었습니다. 또 어느 문명에나 존재하는 것도 아니었지요. 오히려 일부 문명에서는 키스가 금기 중 하나였습니다.

인류의 약 10퍼센트 정도는 키스를 전혀 하지 않는다고 분석됩니다(하고 싶은데 못하는 분은 여기에 포함되지 않습니다).

수단의 일부 지역에서는 입이 영혼의 관문이라고 믿기 때문에 키스를 꺼린다고 합니다. 입과 입을 통해서 영혼이 빠져나간다고 믿는다는 것이지요.

사회심리학자인 일레인 햇필드는 "키스는 보편적인 것과는 거리가 멀고 많은 사회에서 부적절한 것으로 여겨지기까지 했다"고 지적했습니다. 우리에게는 너무나 익숙한 행위이지만, 일부 지역에서는 여전히 공개 키스를 터부시하고 있는 것이지요.

키스는 언제부터
시작되었나

키스에 대한 최초의 기록은 고대 힌두교의 산스크리트어 경전인 『베다』에서 발견됩니다(텍사스A&M대학교 인류학자 본 브라이언트). 기원전 1500년 전의 일입니다. 지금으로부터 3500년 전의 일이었지요.

인도 지역에서 보편적이었던 키스가 유럽으로 건너간 건 기원전 350년. 알렉산더 대왕이 이 지역을 점령하면서 고대 그리스에도 키스 문화가 정착됐다는 설명입니다. 키스의 본고장인 인도에서는 최근 공개 키스가 만연하자 이를 "서구 문명의 산물"이라고 반발하는 목소리가 높다고 하지요. 역사는 변화한다는 걸 보여주는 방증입니다.

고대 그리스를 계승한 로마인들은 키스를 즐길 줄 아는 민족이었습니다. 존경심을 표현할 때도, 애정을 드러낼 때도 키스했지요. 부위에 따라 키스에 다른 명칭을 붙인 것도 로마인들이었습니다. 손이나 뺨에 입

• 고대 로마 폼페이에서 발견된 키스 벽화.
연인끼리의 입맞춤으로 보이지만,
여자는 고급 창부 헤테라였다.
고대 로마 남성들은
성적인 부분은 창부를 통해서,
가사는 부인을 통해 해결했다.

을 갖다 대는 건 오스쿨룸, 친척끼리 입을 다물고 입술을 맞추는 건 바슘이라고 했습니다. 열정적인 키스는 수아비움이라고 불렀지요.

기독교에서 입맞춤은
종교적 의미였다

기독교에서도 키스는 연인 간의 애정보다 어떤 존중의 의미를 담고 있었습니다. 『키스와 그 역사』의 저자 크리스토퍼 니롭은 "입맞춤은 감사, 동정심, 기쁨과 슬픔을 표현하는 방식이었다"고 썼습니다. 구약성경 속 창세기에서도 야곱이 쌍둥이 형 에서를 만났을 때 입을 맞췄다는 구절이 전해지지요. 유대 민족을 이집트에서 구해낸 모세 역시 장인어른과

• 구약성경 속 요셉이 야곱에게 키스하는 모습. 1897년 성경에 수록된 삽화.

입을 맞췄다는 기록이 있습니다.

　　초기 기독교에서 시작된 평화의 입맞춤은 중세까지 이어졌습니다.
니롭은 "키스로 적의 화해와 평화를 봉인하는 것이 관습"이라고 했지요.
기사들조차도 전투를 시작하기 전에 서로에게 평화의 키스를 했습니다.
세례, 결혼, 안수 또는 장례식과 같은 엄숙한 교회 의식에서도 때때로 행
해졌지요. '거룩한 입맞춤'이었습니다.

　　유다의 키스처럼 입맞춤이 때로는 배신의 행위로 여겨지기도 했다
는 것도 빼놓을 수 없겠습니다. 키스는 평화와 배신을 동시에 상징했다
는 의미입니다.

　　로맨틱의 관점에서 키스가 서서히 떠오른 건 궁정 문화와 기사도가
자리 잡은 11세기부터입니다. 스무 살의 나이 차이로 중세 최대 연애 사
건이라 불리는 피에르 아벨라르와 엘로이즈의 이야기가 대표적이지요.
이들이 나눴던 편지에는 키스의 달콤함을 묘사하는 구절이 많았습니다.

　　신학을 공부하던 두 사람은 "우리는 수많은 책 앞에서, 교훈보다는
키스를 더 많이 나눴다"고 썼습니다. 궁중 시인들 역시 키스를 찬미하면

서 사랑하는 이들에게 입맞춤해줄 것을 갈구하는 시를 보내고는 했지요.

그러나 중세 말에 이르자 상황은 변해갔습니다. 입맞춤은 점점 설 자리를 잃어갔지요. 흑사병이 찾아왔기 때문입니다. 타인은, 또 타액은 지옥이 된 것이지요. 3년 전 팬데믹이 처음 찾아왔을 때와 마찬가지로요. 1439년 잉글랜드 왕국의 한 신하는 주군인 헨리 4세에게 "전염병이 위험하니 백성들에게 키스하는 행위를 삼가야 한다"고 조언합니다.

대중문화가 키스를
왕좌의 자리에 올렸다

오늘날 키스가 대중화된 건 역시 자본주의의 힘이었습니다. 1896년 미국의 무성 영화 〈키스The Kiss〉는 낭만적인 입맞춤을 묘사한 최초의 영상이었지요. 18초 동안 두 사람이 입을 맞추는 초단편 영화였습니다. 당시 미국에는 청교도적으로 보수적인 사람이 많았던 지라 '역겹다'는 반응이 많았지만, 시대적 흐름을 거스를 수는 없었습니다. 작가 루이스 블랙은 "암흑기에서 키스를 부활시킨 것은 미국이었다"고 썼을 정도였지요.

1930년대 할리우드의 황금기에는 영웅적인 남성 주인공이 수동적인 여성과 키스하는 것이 하나의 공식으로 자리 잡았습니다. '팍스 아메리카나(미국에 의한 평화)'가 장기간 지속되면서 연인 간의 공개 입맞춤도 자본주의 국가를 중심으로 자리 잡게 되지요. 오늘날 우리가 사랑하는 연인과 편안히 키스할 수 있는 것에도 수많은 역사적인 기원이 있었던 셈입니다.

우리 역사에서 본격적으로 키스가 대중문화에 소개된 것도 이때쯤입니다. 이전 조선시대에도 '접문'이라는 이름의 입맞춤이 있었지만, 연애라는 개념이 부재한 시절이었습니다. 남녀가 입맞추는 행위를 묘사하는 표현이 자주 나오지는 않았지요.

키스라는 표현을 볼 수 있었던 건 1930년이 되어서야 가능했습니다. 우리 문화에도 연애와 키스가 새겨지기 시작합니다.

"처음 사랑을 허한 젊은 남녀가 꽉 그러안고 숨이 맥히도록 입술을 마죠 빠는 키스 이것이 키쓰로써의 절정일 것."

당시 잡지 『제일선』에 수록된 「키스 강좌」 구절입니다. 묘사가 직설적이면서도 정곡을 찌르지요. 당시에는 '키쓰'가 자유연애를 구체적으로 나타내는 구현체였습니다. 당연히 보수적인 식민지 조선에서 의견이 갈렸겠지요. 『조선일보』에서는 키스의 부정적 측면을 강조했다고 전해집니다. 반면 『동아일보』와 『매일신문』은 키스를 문명과 결부시켜 밝은 면을 조명하지요. 지금의 신문사가 철학에 따라 갈리듯이요.

그럼에도 반대는 있을지언정, 후퇴는 없었습니다. 우리에게도 키스는 하나의 문화로 자리 잡습니다. 이제는 길거리에서도 서로에게 입을 맞추는 이들을 쉽게 볼 수가 있지요.

- 신윤복 〈월야밀회〉(1805년).
  남녀가 키스를 하는 듯한 모습이 인상적이다.

키스는 경건함이었고, 우정의 상징이었으며, 때로 방종과 배신의 징표였습니다. 한여름 밤, 선선한 바람이 설렁설렁 부는 들판을 상상합니다. 미풍에 흔들리는 꽃, 귀뚜라미 울음소리 한가운데에서 연인이 입 맞추는 모습이 떠오릅니다.

　오늘날 키스는 사랑을 보증하는 최고의 증표입니다. 앙증맞은 아이에게, 사랑하는 연인에게, 존경하는 부모님에게, 애정의 키스를 보내보시길. 오늘이 아니면 기회는 언제 올지 모릅니다. 키스하기 가장 좋은 시간은 언제나 지금입니다.

13

어린이 인형이
매춘부를 모델로?

✳✳✳

◇ 바비의 원조는 독일의 만화 캐릭터 빌트 릴리였다.
◇ 릴리는 아무 곳에서나 옷을 벗는 노출증 캐릭터였다. 아이들의 최애
  인형이 외설적인 캐릭터로부터 탄생한 셈이다.
◇ 바비는 흑인, 다운증후군 등 다양성을 담아내는 방식으로 혁신했다.
◇ 모든 사람은 저마다의 아름다움을 지닌다는 메시지다.

노출증 콜걸을 모델 삼아
만들어진 어린이 인형 '바비'

전 세계 아이들의 롤모델이었습니다. 금발의 파란 눈, 갸름한 얼굴형, 날씬한 몸매가 그들의 시선을 사로잡았기 때문입니다. 특히 여자아이들은 그녀를 대놓고 추종했지요. 그녀의 이름은 한때 최고의 칭찬으로 통했습니다.

과거 없는 사람 없다지만, 이 경우는 선을 넘었습니다. 모든 아이가 선망하는 대상이 콜걸에서 시작됐음이 밝혀지면서입니다. 그녀는 뭇 남성 앞에서 훌렁훌렁 옷을 벗어 재끼던 가벼운 성품이었지요. 전 세계를 휩쓴 그 존재, 초통령의 원조 바비 이야기입니다. 그녀의 충격적(?)인 과거를 돌아봅니다.

우연한 기회에
발견한 '그 인형'

"여보, 우리 딸을 위한 인형 없을까?"

1956년 마텔사를 운영하던 루스 핸들러와 엘리엇 핸들러 부부는 고민에 빠져 있었습니다. 막내인 딸 바버라가 어떤 장난감에도 시큰둥해했기 때문입니다. 가끔가다 성인 모양을 한 종이 인형에만 흥미를 보였지요. 오빠 케네스는 로봇 장난감을 쥐여주기만 하면 온종일 뛰어노는 것과는 대조적이었습니다.

가족끼리 스위스로 여행을 떠날 때였습니다. 길을 걷고 있는데, 딸이 보이지를 않았지요. 멀리 뒤편을 보니 한 상점 유리창에 손을 대고는 뚫어질 듯 뭔가를 바라보고 있었습니다. 아이의 눈빛 끝에는 화장을 짙게 한 날라리처럼 보이는 인형이 그네에 앉아 있었지요. 부부는 서로 마주 본 뒤 외쳤습니다. "그래, 이거야!"

오랜 시간 갈망하던 딸의 장난감을 이국땅에서 찾은 것이었습니다. 이제 아들처럼 딸도 즐겁게 지낼 수 있을 테지요. 부부는 즐거운 마음으로 상점에 들어가 돈을 건넸

© 위키피디아

• 프라하 박물관에 소장된 '빌트 릴리'.

습니다. 딸의 표정은 어느 때보다 행복해 보였지요.

바비의 시작은
독일의 콜걸 캐릭터

"이거, 따님 선물로 주는 건가요?"

상점 주인이 이상한 표정으로 되묻습니다. 그가 엄마인 루스 핸들러를 잠깐 부르더니 나지막이 말했지요. "저건 성인용 인형이에요. 콜걸 여성이거든요. 아이 교육에 좋을 게 없다는 말입니다. 조용히 다른 장난감으로 골라보세요."

루스가 다시 인형을 바라봅니다. '어쩐지 날라리처럼 보인다고 했더니 콜걸 여성이었다니⋯.' 하지만 딸의 표정은 이미 넋이 나가 있었지요. 마치 소울메이트를 찾은 얼굴이었습니다. 둘을 떼어놓는다는 건 로미오와 줄리엣을 갈라놓는 것만큼이나 힘들어 보였지요.

'저 인형의 과거만 모르게 하면 될 거야'라고 자신을 설득해봅니다. 상점을 나선 딸 바버라의 손에는 인형이 쥐어져 있었습니다. 행복한 표정이었습니다.

빌트 릴리는 누구인가

인형의 이름은 '빌트 릴리'. 독일의 신문인 『빌트』에 연재되는 만화 속 여성 캐릭터를 구현한 것이었습니다. 만화 속에서 릴리는 금발의 포니테

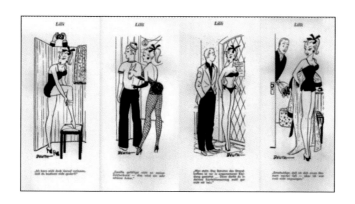

• 빌트 릴리의 원작 만화. 야한 옷을 입고 외설적인 행동을 하는 모습이다.

일을 한 콜걸 여성. 아름다웠지만 지성이 부족했고, 더구나 노출증 환자라고 부를 만큼 옷을 자주 벗었지요. 거리에서 비키니 복장으로 활보하기도 했습니다.

성인 만화가 선풍적인 화제를 부르면서 릴리의 인기도 치솟았습니다. 유럽 전역에 빌트 릴리 인형이 팔려 나갈 정도였지요. 물론 아동용은 아니었고, 짓궂은 성인 남성들이 주 고객이었습니다. 그들은 수시로 인형의 치마를 들치고는 했지요.

모방은 창조의 어머니

장난감 회사 마텔사를 운영하던 핸들러 부부는 빌트 릴리로부터 시장성을 엿봤습니다. 비슷한 느낌을 구현하되, 외설성만 빼내면 성공하겠다 생각했던 것이지요.

모방은 창조의 어머니라고 했던가요. 마텔사는 디자이너 잭 라이언을 고용해 성인 느낌이 나는 인형을 그대로 재현합니다. 독일의 성인용 인형 릴리의 재탄생이었습니다. 포르노 배우에서 세련된 옆집 언니로의 변신이라고 할까요. 어린이들의 최애 '바비'의 탄생 뒤에는 금발의 콜걸 '릴리'가 있었던 셈입니다.

1959년 3월 9일은 마텔사에서 바비가 공식적으로 출시되는 날이었습니다. 이름은 딸 바버라의 애칭인 바비에서 따왔지요. 바비의 남자친구인 켄은 아들 케네스의 애칭이었습니다.

©Fake Royalty

• 2019년 바비 인형.
금발의 날씬한 몸매는 때때로
성적 상품화 논란을 부르기도 했다.

전 세계적으로
대성공을 거둔 바비

바비는 출시되자마자 선풍적인 인기를 끌었지요. 생산 첫해에만 35만 개가 팔려 나갔습니다. 마텔사는 바비를 출시한 지 4년 만에 뉴욕 증권 거래소에 상장됐지요. 그야말로 바비의 시대였습니다.

큰 성공은 사달을 부르는 법입니다. 릴리 인형의 특허사가 마텔을 고소한 것이었지요. 자신들의 인형을 허가 없이 마음대로 베꼈다는 것이

• 1961년 바비 인형과
  마텔 창업자 루스 핸들러.

• 원조 인형인 빌트 릴리.
  릴리는 성매매 여성을
  모델로 한 것으로 알려져 있다.

소송의 이유였습니다. 지루한 법정 싸움 끝에 마텔이 2만 달러를 내고 빌트 릴리의 저작권을 사들였지요.

바비는 미국 문화의 대명사가 됐습니다. 2006년에는 1초당 세 개의 바비가 팔렸다는 기록이 있을 정도입니다. 그해 바비는 150개 국가에서 10억 개 이상의 판매고를 올렸지요. 우리나라에서도 바비와 유사한 '미미'가 나왔을 정도였으니까요. 그만큼 반대 여론도 많았습니다. "성차별을 조장한다", "백인 우월주의의 상징이다"는 비판이었습니다.

흑인 바비, 아시안 바비
혁신을 시작한 마텔

마텔사는 참 유연한 조직이었습니다. 올바른 비판이다 싶으면 수용하고 개선했기 때문입니다. 그들이 흑인 바비를 처음으로 내놓은 것이 1980년이었습니다. 지금은 모든 피부색의 바비를 만날 수가 있지요. 디즈니에서 흑인 인어공주를 선보인 시기보다 훨씬 앞섰습니다. "비현실적인 몸매로 외모 지상주의를 조장한다"는 비판도 수긍해 바비 인형의 허리둘레도 더 크게 만들었지요.

• 1980년 첫선을 보인 블랙 바비.

마텔은 또 한 번의 혁신을 거듭합니다. 2023년 4월 발표한 인형을 통해서였습니다. 뼈대가 짧고, 몸통이 길며 얼굴이 둥근 인형이었지요. 작은 귀와 납작한 콧등도 기존의 바비와는 다른 모습이었습니다. 인형의 이름은 '다운증후군 바비'였습니다.

장애인도 우리 주변에서 함께 살아가는 이웃이라는 것을 표현하고자 한 위대한 한 걸음이었습니다. 영국의 다운증후군 모델 엘리 골드스타인은 "이 인형을 보고 압도당했다"면서 감동을 표현했지요.

영화에서도 바비의
혁신이 이어지기를

2023년 7월 실사 영화 〈바비〉가 개봉됐습니다. 할리우드 인기 배우 마고 로비가 주연이지요. 금발의 늘씬한 몸매는 바비의 원형을 그대로 담아냅니다.

바비 영화가 흥행에 성공하기를 바랍니다. 후속작을 원하기 때문입니다. 다음 바비 영화의 주인공은 다운증후군 바비면 어떨까요. 다운증후군 바비가 당당하게 자신의 아름다움을 증명하는 영화를 상상해봅니다. 그동안 우리는 너무 오랜 시간 동안 장애인에게 장막을 쳐왔습니다.

14

왜 자위와 몽정은
죄악이었나

***

◇ 초기 기독교에서는 성교와 관련되지 않은 사정은 죄악이었다. 몽정도
  마찬가지였다.
◇ 고대 그리스에서 정액의 잦은 손실은 건강을 해친다고 봤다. 기독교
  가 의학적으로 이를 계승한 것이라는 분석도 있다.
◇ 정액의 손실을 막기 위해 이를 마시는 일부 극단주의자들도 있었다.
◇ 지금도 먹는 (미친) 사람이 있다. 요리책도 있다.

'죄악의 물'이 쏟아졌다

"신이시여, 제 침대가 또 젖었습니다. 또 죄를 지었나이다."

가장 금욕적이어야 할 공간에 욕망이 또다시 고개를 들었습니다. 중세 유럽의 수도원에서였습니다. 오래된 금욕 생활이 이어진 바람에 자는 사이에 '죄악의 물'이 쏟아진 것입니다. 몽정이었습니다.

생물학의 관점에서 이는 당연한 일이었습니다. 섹스도, 자위도 하지 않은 남성은 종종 수면 중 사정을 하기 때문입니다. 의식이 없는 상태에서 '리비도(성적 욕망)'를 통제하는 건 불가능하지요. 하지만 중세 종교적 관점에서 이는 또 다른 죄악이었습니다. 수도승들은 금식과 고행을 거듭하면서 다시금 죄를 고백해야 했습니다.

"사정을 한 남자는, 몸 전체를 깨끗한 물로 저녁까지 씻어야 한다."

_레위기

기독교에서 성교 없는 사정을 큰 죄악이라고 여긴 성경 근거입니다. 자위는 물론이고 몽정까지 규제한 배경이지요. 하지만 이를 막기란 불가능한 일이었습니다. 초기 기독교의 교부들은 이를 인지하고 용인할 수 있는 여지를 조금 남겼습니다.

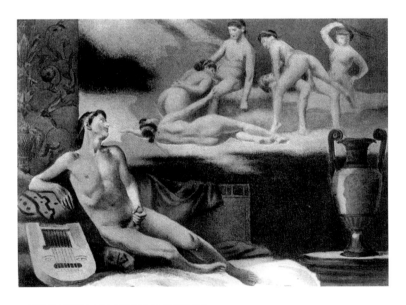

• 자위와 몽정은 그리스도교에겐 큰 죄악이었다.
프랑스 화가 에두아르 앙리 에이브릴이 자위행위를 묘사한 그림.

훌륭한 수도승이
될 조건

4세기 성 아우구스티누스는 『고백록』에서 "육체와 의지 사이에 큰 간격"이 있다고 말했습니다. 한마디로 일부러 그런 것은 아니니 용서해주어야 한다는 의미였지요. 5세기 후반 또 다른 교부 압바 모세는 "성적인 꿈 없이 몽정을 세 번만 한 이는 훌륭한 수도승이 될 조건을 갖춘 것"이라고 언급합니다.

학자들은 기독교에서 사정을 죄악이라고 한 배경에는 고대 의학적 해석이 자리하고 있다고 분석합니다. 고대 그리스 히포크라테스가 주장하고 갈레노스가 이어받은 '체액론'에서였습니다. 그는 인간의 몸이 '흑담즙, 황담즙, 혈액, 점액' 네 종류의 액체가 균형을 이루고 있다고 봤습니다.

• 1505년 히에로니무스 보쉬가
  일곱 가지 대죄 중 하나인
  '색욕'에 대해 묘사한 그림.

● 인간은 꿈속에서도 성교하면서 사정하는 몽정을 겪곤 한다.
사진은 1915년 프리츠 슈웹백이 그린 〈마이 드림, 배드 드림〉.
악마 서큐버스와 성교하는 모습을 묘사했다.

갈레노스는 정액을 고환에 들어간 체액이 열로 인해 하얗게 변한 것이라고 생각했습니다. 이것은 남성에게 중요한 혼합물이기에 그대로 품고 있는 게 좋다고 본 것이지요. 갈레노스는 과도한 성행위로 폐렴이 발생할 수 있다고 경고하기도 했습니다. "정액을 몸속에 품고 있는 것이 건강에 좋다"는 주장이었지요.

몽정은 건강을
해치는 일?

고대 그리스의 의학 이후 수백 년이 흐른 뒤에도 의학은 크게 발전하지 않았습니다. 초기 기독교에서도 이 같은 그리스의 '정액론'을 무의식적으로 수용했을 가능성이 높다는 뜻입니다. 심지어 초기 기독교의 종파 중 하나인 보르보라이트의 신자들은 정액을 먹는 의식을 행했다고 알려졌을 정도입니다. 그들은 정액을 그리스도가 남긴 체혈로 여겼습니다. 실제로 먹지는 않더라도, 초기 기독교인들이 정액에서 '인간의 순수한 영혼'을 상상했다는 것이 엿보입니다.

이 같은 믿음에 근거하면, 몽정은 명백한 '낭비'이자 '건강을 해치는 일'이었습니다. 당대 의사들은 몽정을 하지 않게끔 최대한의 노력을 기울였지요. 2세기 그리스 의사인 소라누스는 "몽정이 몸을 불안하게 만들 수 있다"고 하면서 두 가지 방법을 처방하곤 했습니다. 사타구니에 납판을 넣고, 차가운 주스로 고환을 식히는 일이었습니다. 차갑고 건조한 것을 먹으면서 몸의 욕구가 식기를 바랐지요. 1600년이 흐른 뒤 켈로그 박사가 자위를 멈추게 하기 위해 콘플레이크를 개발한 것처럼요.

초기 기독교 수도승들도 몽정을 막기 위한 다양한 방법을 강구했습니다. 5세기 알렉산드리아의 대주교인 디오스코로스는 "금식을 통해 몽정을 줄일 수 있다"고 수도승에게 조언하지요. 과도한 영양 섭취가 체액의 축적으로 이어진다는 주장이었습니다. 당시 기독교에서는 식욕 또한 욕망의 원천으로 봤기 때문입니다.

중세 유럽에서도 몽정에 대한 악마화는 끊이지 않았습니다. 여자 악마인 서큐버스가 남성을 유혹해 정액을 빼앗는 과정이 몽정이라는 설화가 생긴 것이었지요. 서큐버스는 생존을 위해 정액을 먹어야 하는 존재였습니다. 그만큼 몽정에 대한 죄책감이 컸다는 방증이지요. 재미난 것은 한의학에서도 몽정이 생명을 빼앗으려는 악귀의 소행으로 여겨졌다는 점입니다. 동서양의 공간적 간극에도 불구하고 몽정에 관한 한 같은 인식을 공유하고 있었던 셈입니다.

몽정한 남자에게
성기 조르는 반지를?

과학적 사고가 싹트기 시작한 영국 빅토리아 시기. 몽정에 대한 불안은 쉬이 사그라들지 않았습니다. 빅토리아 시대 의사들은 "자위 · 몽정 · 잦은 성관계는 질병의 원인"이라고 진단했습니다. 정액의 유출은 신체 모든 불안의 상징으로 통했던 것입니다. 순결한 일부 남성들의 경우에는 의사로부터 '정자링'을 처방받기도 했습니다. 자기도 모르게 발기할 경우 성기를 조르는 물건이지요. 고통을 받자마자 성기가 다시 잠잠해질 것이라는 믿음에서였습니다.

　더욱 끔찍한 수술법도 등장합니다. 윌리엄 액튼 교수는 조직을 파괴하는 '소작술'을 권했습니다. 질산은을 요도에 떨어뜨려 감각을 마비시키자는 것이었지요. 또 다른 방법으로 자신의 꿈을 통제할 수 있는 '자각몽' 수련을 제시했습니다. 에로틱한 꿈을 꾸더라도 자신의 통제하에 이를 거부할 수 있다는 주장이었습니다. 몽정을 통제하려는 길고 긴 역사였지요.

　현대 사회라고 크게 다르진 않았습니다. 1951년 설립된 스코틀랜드 얼라이언스 협의회는 몽정이 일주일에 한 번 이상 일어나서는 안 되는 일이라고 주장했지요. 부정확한 의학적 정보에 따른 주장이었습니다.

달라진 정액의 위상

지난 2016년 7월 획기적 논문이 과학계를 놀라게 했습니다. 정액 냄새의 주성분인 스퍼미딘을 과일파리에게 먹인 결과 생명 연장 효과가 있었기 때문입니다. 초기 기독교가 '정자는 사람의 영혼'이라고 상상했다면, 현대 과학은 정자에서 '생명 연장의 고리'를 발견한 것입니다.

그래서일까요. 미국 쇼핑몰 아마존에서는 『정액으로 만든 요리』라는 책을 팔고 있기도 합니다. 정액 연어구이, 정액 마르가리타 등 요리 가짓수도 50개에 달한다지요. 정액을 향한 인간의 사랑은 유구한 셈입니다.

15

왜 서양에는
나체주의자가 많을까

✳✳✳

◇ 인간이 옷을 입은 건 약 기원전 9000~기원전 7000년 전이다. 그전까지
  는 '누드'였다.
◇ 고대 이집트에서는 '옷'이 계급의 상징이었다. 로마에서는 누드를 고
  운 시선으로 보지 않았다.
◇ 중세 기독교는 누드를 금기시했다. 이에 반발해 '아담 종파'가 나타
  나 의도적인 누드 행위를 하기도 했다.
◇ 현대 세계에서는 세계적인 '누드 열풍'이 불고 있다. 자연주의에 대
  한 관심 때문이다.

사회적 자살과
전위적 행위 사이

대중 앞에서 성기를 드러낸다는 건 일종의 사회적 자살행위입니다. 보는 사람에게 엄청난 불쾌감을 주기 때문이지요. 노출한 이의 정신 상태도 의심하게 만듭니다. 오래전 생방송 중인 한 음악 프로그램에서 성기를 노출한 뒤 껑충껑충 뛰어다닌 밴드가 아직도 회자될 정도지요.

　　모든 역사가 방증하듯, 공중 노출이 언제나 악이나 수치였던 것은 아닙니다. 과거 특정 지역에서는 힘을 과시하는 수단이 되기도 했습니다. 오늘날에도 일부 지역에서는 '자유'를 실천하는 전위적 행위로 여기기도 하지요. 서구 사회의 수많은 성인이 실오라기 하나 걸치지 않고 마라톤을 했다거나 정원을 가꿨다는 뉴스가 한국의 독자를 놀라게도 합니다.

누드를 향한 다양한 관점은 지금도 여전합니다. 시간과 공간에 따라 누드는 다양한 맥락에서 해석되고는 했지요. 이제 누드를 한 꺼풀 벗겨볼까요.

옷 입을 여력이 안 됐던
이집트 하층민

인류가 처음으로 옷을 입었다고 전해지는 시기는 기원전 9000년경입니다. 신석기 시대가 끝난 직후입니다. 그 이전까지는 필요에 따라 동물의 가죽 등을 걸치거나 장신구를 착용했을 것으로 추정합니다. 이마저도 유물이나 기록은 거의 없는 편이지요. 선사시대였고, 의류는 쉽게 썩기 때문입니다.

역사의 시작은 언제나 이집트입니다. 기록으로서 가장 오래된 문명이지요. 이곳 사람들은 옷을 입었지만, (당연히) 현재 우리 모습과는 달랐습니다. 다소 더운 기후였기 때문인지, 하체를 덮는 용도로 천을 입었습니다. 당연히 상반신은 노출돼 있었지요. 남자와 여자를 가리지 않고 말입니다. 진정한 토플리스(상의 탈의)인 셈이지요.

이집트에서는 많은 사람이 옷을 입지 않고 다녔습니다. 그렇다고 멋을 위한 건 아니었습니다. 가난했기 때문에 옷을 입을 여력이 안 됐던 것이지요. 고대 이집트에서 나체인 사람들은 하층민이 대부분이었습니다. 고대 이집트의 후기에 해당하는 신왕국 시절(기원전 1500~기원전 1069년)부터는 가슴까지 가리는 세련된 옷이 나타나기 시작합니다. 계급을 가르는 의미로서의 패션이었지요. 미디어에서 보는 이집트 문명의

● 기원전 1400년경 보석만 착용한 채 누드로 춤을 추는 여성들.

의상은 모두 이때를 재현한 것입니다.

누드는 남성성의 상징?

고대 그리스에서는 누드가 다른 의
미로 해석됩니다. 이집트에서 누드
가 가난을 상징하는 것이었다면,
그리스에서는 '남성성'의 상징으
로 여겼습니다. 물론 평소에는 키
톤이라고 불리는 가벼운 리넨 옷을
입었습니다.

　하지만 운동을 할 때는 모든
의상을 벗고 올 누드로 경기를 즐
겼지요. 고대 그리스의 체육관인
'김나시온gymnasion'이 나체를 의
미하는 '김노스gymnos'에서 유래한
데서도 이를 확인할 수 있습니다.
딱 벌어진 어깨에 근육질 몸매는
'미의 상징'이었습니다. 그들이 숭

● 피레우스 아폴로.
　기원전 6세기 고대 청동기.

배하는 그리스 신들의 석상을 만들 때도 누드로 묘사한 이유였지요.

　고대 그리스는 로마와 함께 묶이곤 하지만, 문화적인 측면에서 둘
은 종종 불협화음을 내곤 했습니다. 고대 로마에서는 벗은 남성이 동성
애자로 보인다는 이유로 이를 권장하지 않았습니다. 동성애에 관한 관점

에서도 양 국가는 다른 모습을 보인 셈이지요(물론 로마에서도 동성애는 종종 나타납니다만 그리스보다는 훨씬 적었습니다).

나체는 어떻게
혐오의 대상이 되었나

누드는 종교를 만나 변환점에 서게 됩니다. '아브라함의 종교'(구약성서 세계관을 공유하는)인 유대교, 기독교, 이슬람교에서 누드에 관한 논의가 시작됐기 때문입니다.

구약성경에서 아담과 하와는 신의 말씀을 어기고 선악과를 먹은 뒤

• 구약성경 속 아브라함은
유대교, 기독교, 이슬람교의
시작으로 통한다.
17세기 이탈리아 화가
구에르치노의 그림.

누드가 부끄럽다고 느끼게 됩니다. 원죄를 안고 태어난 인간이 나체로 돌아다니는 건 있을 수 없는 일이었지요. 유대교, 기독교, 이슬람교 지역에서 누드가 규제를 받은 배경입니다.

하지만 관습을 바꾸기가 쉽지 않았습니다. 유럽인들은 로마 문화에 아직 젖어 있는 상태였지요. 대표적인 것이 남녀 혼탕이었습니다. 기원후 4세기 로마가 기독교를 국교로 받아들이면서 전 욕탕에서 남녀 구별이 생겨납니다.

나체로 진행했던
초기 기독교 세례식

유대교와 기독교에서 나체가 허용되는 순간이 있습니다. 바로 세례를 받을 때입니다. 초기 기독교에서는 남녀 구별 없이 나체로 세례를 받았습니다. 성 히폴리투스가 『사도전승』에서 기록한 데 따른 것이었지요.

기독교 사회는 점점 이를 불편해하기 시작했습니다. 아무리 그래도 남녀가 함께 벌거벗고 세례를 받는 일은 문화적으로 용인될 수 없었기 때문이지요. 결국 세례에서 남녀 구별이 생겼고, 나중에는 여성이 세례를 받을 경우 옷을 입는 사례도 많아졌습니다. 초기 기독교의 모습을 여전히 유지하고 있는 동방정교회 일부에서는 누드 세례의 전통을 아직 유지하고 있다고 전해집니다.

중세 유럽에서 인간은 어떤 순간에도 노출할 수 없었습니다. 성적 욕구를 죄악시했으니 당연한 일이었지요. 십자가에 못 박힌 예수가 하반신에 천을 두르고 있는 데에도 이 같은 중세 유럽인들의 '나체 혐오'가

자리합니다. 고대 로마에서는 십자가형을 나체 상태로 실행했기 때문입
니다.

"교회에 오려면 옷을
홀딱 벗어야 합니다"

지나친 규제는 반발을 부르는 법입니다. 나체로 예배를 드리는 사람들이
등장했던 것입니다. 보헤미아 아담파라는 이들이었습니다. 이들은 에덴
동산에서 인간의 순수성을 되찾는다는 이유로 벌거벗고 마을 한가운데

에서 춤을 추곤 했었지요. 2~4세기에 등장했던 아담 종파의 부활이었습니다. 이들은 네덜란드, 독일, 체코 지역에서 대중의 지지를 받았지요(그래서 이쪽 지역에 나체 자연주의자가 많을지도 모르겠습니다). 이내 권력이 이들을 불편하게 여기면서 탄압했고, 이들은 결국 역사의 뒤안길로 사라집니다.

누드가 다시 굴레에서 벗어나게 된 건 1840년대 영국에서였습니다. 해수욕이 건강에 좋다는 의식이 널리 퍼지면서였지요. 누드 수영이 보편화되기 시작한 것이었습니다. 보수적인 빅토리아 시대에는 이는 용납할 수 없는 일이었지요. 로버트 프랜시스 킬버트 목사는 1873년 수영복 착용을 의무화할 것을 주장하기도 했습니다.

'아담 종파'의 영향 때문이었을까요. 1900년 독일 사회학자 하인리히 푸도르가 『누드 숭배』라는 책을 출판합니다. 그리고 독일 전역에는 누드 목욕탕, 자연주의 리조트 등이 생겨나기 시작하지요. 신선한 공기를 알몸으로 맞는 건 건강에 좋다는 대중요법도 널리 퍼졌습니다.

사회운동으로 자리매김한 누드

누드는 어느새 사회운동으로 커졌습니다. 1898년 나체주의를 옹호하는 독일의 자연주의협회FKK가 독일에서 설립됩니다. 이들은 독일 전역에 나체주의 해변 설립을 이끌고 월간지를 창간해 나체주의의 이점을 설파하곤 했습니다.

1930년에는 자연주의를 위한 유럽 연맹이 창설될 정도로 세를 키웠지요. 1933년 나치가 자연주의에 대한 불편한 시선을 내비칩니다. 하지만 일각에서 독일 인종의 우월성을 과시하기 위해 자연주의를 활용해야 한다는 목소리도 나오기 시작했지요. 나치의 주요 구성원인 히믈러도 나체주의자였다는 얘기가 있을 정도입니다.

누드는 이제 동양을 제외한 전 세계적인 대세입니다. 국제자연주의자연맹INF은 누드로 하는 대중 스포츠 확산에 기여합니다. 지금도 세계 알몸 자전거 타기, 누드 하이킹, 알몸 박물관 투어 등이 진행되고 있지요. 인간의 삶이 알몸으로 태어나 알몸으로 죽듯이, 역사도 누드에서 시작해 화려한 의상을 지나 다시 누드로 돌아가는 셈입니다.

16

월경 여성들은
어떻게 차별받았나

＊＊＊

◇ 여성 혐오의 역사가 오래되었듯이, 월경을 향한 부정적인 인식도 유구하다.

◇ 특히 아브라함의 종교(유대교, 기독교, 이슬람교)에서는 월경 중인 여성의 종교 활동을 제한했다.

◇ 생리혈에 힘이 있다는 소수 의견도 존재했다.

◇ 1960년대 페미니즘 운동과 함께 생리 긍정주의 운동도 함께 태동한다.

월경은 부정하고
불결한 것?

숭배되거나 저주받거나. 여성이라는 존재는 역사 속에서 늘 극단의 평가를 달고 살았습니다. 누군가의 어머니로 신성하게 여겨질 때가 있는가 하면, 남성을 유혹하는 외설적인 창녀로 비난받기도 했지요. 여성은 언제나 곧이곧대로 이해된 적이 없습니다. 남성이 지배하는 역사였기 때문입니다.

여성 혐오는 신체적 생리 작용에도 그림자를 드리웠습니다. 바로 월경이었습니다. 과학적 사고가 자리 잡은 지금은 월경이 생명을 잉태하는 신비로운 작용인 것을 이해합니다.

종교적 미신으로 사고했던 과거에는 달랐습니다. 생리혈은 부정하고 불결한 것이었습니다. 신의 이름으로 정화되어야 하는 것이었지요. 아브라함의 종교인 유대교, 기독교, 이슬람교가 대표적입니다. 모두 월경에 대한 부정적 시각을 드러내지요. 그들이 공유하는 구약성경의 한 구절에서 비롯됩니다.

"너는 여인이 월경으로 불결한 동안에 그에게 가까이하여 그의 하체를 범하지 말지니라."

_레위기 18:19

월경이 불결하다는 시각이 다분히 묻어납니다. 정통 유대교에서는 더럽혀진 신도들이 일종의 목욕과 비슷한 '미크바'라는 의식을 통해 순수해질 것을 권유합니다. 성행위나 몽정을 한 사람, 여성의 경우는 월경을 한 사람이 대상이었지요.

기혼 여성의 경우 미크바로 정화하지 않으면 남편과의 성관계가 금지되기도 했습니다. 이를 어기고 월경 중인 여성을 만지거나 관계한 사람은 마찬가지로 불결한 인물로 취급받았습니다. 그만큼 월경이 불결하다고 봤던 것이지요. 월경 기간인 부인은 남편을 위해 요리하고 빵을 굽는 것은 허용되지만, 남편의 침대를 정리하거나 남편의 포도주잔을 채우는 것은 제한됐습니다.

초기 기독교도 상황은 비슷했습니다. 레위기 구절을 금언으로 삼았기 때문입니다. 3세기 알렉산드리아의 대주교였던 디오니시우스는 "월경 중인 여성들은 성찬에 접근할 수 없다"고 말했습니다. 이를 계승한 이집트의 콥트정교회에서는 월경 중인 여성이 교회의 예배에서 배제되는 악습을 이어갔습니다.

　언제 어디서나 정상적인 사고를 하는 사람은 있는 법입니다. 기독교의 규율, 예배, 교리를 담은 『사도헌장』에서였습니다. 375년에 나온

© Avie Darzi

• 스페인 내 유대인 공동체의 미크바.
유대교에서는 월경을 한 여성은
미크바라는 욕조에서 정화를 해야만
종교 활동에 다시 참가할 수 있었다.

책에는 "월경은 사람의 본성을 더럽힐 수 없다. 고로 성령을 그 사람에게서 떼어놓는 건 불가능하다"고 쓰여 있었지요.

　기독교가 동방과 서방으로 쪼개질 때 월경에 대한 인식 차가 극명해졌습니다. 735년 로마를 필두로 한 가톨릭은 여성이 월경 중에 전례에 참석하고 성찬을 받는 것을 허용한다고 결정했지요. 반면에 콘스탄티노플이 주도하는 동방정교회에서는 여전히 생리 중인 여성이 성찬을 받을 수 없는 상황이 지속되었습니다.

　"해로우니 월경 중에는 아내를 멀리하라. 그리고 그들이 깨끗해질 때까지 그들에게 접근하지 말라." 이슬람교의 『코란』 구절에서도 월경을 향한 비하적 시선이 비칩니다. 다른 아브라함의 종교들과 다르지 않다는 걸 알 수 있지요.

생리혈에 적을
파괴하는 힘이 있다?

때로는 생리하는 여성이 신성시되곤 했습니다. 아메리카 대륙의 원주민 체로키족은 월경혈에 적을 파괴하는 힘이 있다고 믿었습니다. 여성의 몸속에 내재된 힘을 높이 평가한 것이었지요. 우리에게 익숙한 고대 로마에서도 대大 플리니우스가 "월경 중인 여성이 몸을 드러내면 우박·회오리바람·번개가 멈춘다"고 쓰기도 했습니다.

　물론 이런 신성화는 아주 예외적인 경우였지요. 대부분 문화에서 월경은 부정적인 것으로 간주되었지요. 우리나라에서도 생리 중인 여자는 제사 절차에서 배제되기도 했습니다.

● 체로키족은 생리혈에 적을 파괴하는
힘이 있다고 믿는다.
미국 화가 찰스 버드 킹이 그린
체로키족 추장. 1837년 작품.

고대에 시작된 월경 혐오는 끈질기게 생명력을 더해갔습니다. 산업혁명이 일어나고 과학적 사고가 자리 잡은 이후에도 마찬가지였습니다. 생리라는 건 어떻게든 장막에 숨겨야 했던 것이었지요.

'남자가 월경을 한다면'

"남자가 월경을 한다면, 월경은 자랑할 만한 남성적인 일이 될 것이다. 의회는 국립월경불순연구기금을 조성하고 의사들은 심장마비보다 생리통을 더 많이 연구할 것이다. 물론 연방정부는 생리대를 무료로 나눠줄 것이다."

미국의 사회운동가 글로리아 스타이넘은 1983년 이렇게 썼습니다.

월경에 대한 장막을 걷어내기 위한 페미니즘 운동이 거세진 것이었습니다. 이미 1960년대 후반부터 시작된 움직임이었지요. 그들은 월경을 공개적으로 토론하고, 긍정적인 이미지를 구축하는 데 무진 애를 썼습니다. '생리'를 긍정하는 결과물이 쏟아져 나온 배경입니다.

주디 시카고는 생리를 노골적으로 묘사한 작품 〈붉은 깃발Red Flag〉(1971년)을 선보였지요. 컬 페퍼도 생리와 관련한 단편영화를 1972년 공개합니다. 학자들 역시 월경을 부정적으로 묘사한 사회적 구조에 대해 논했지요.

● 여성의 월경은 오랜 기간 부정적인 것으로 간주됐다. 때로는 마법적인 요소로 여겨지기도 했다. 사진은 벨기에 판화가 한스 발둥 그리엔의 1508년 작품.

생리 작용을 향한
경멸을 멈추라

최근까지도 생리는 여전히 첨예한 주제입니다. 여성 예술가들은 생리를 주제로 한 작품들로 사회의 선입관에 균열을 내려고 시도합니다. 인도 출신의 캐나다 시인이자 아티스트인 루피 카우르는 생리혈을 사진으로 담은 작품을 인스타그램에 2015년부터 올리기 시작합니다. 〈생리

Period〉라는 작품이었습니다.

인스타그램은 이 사진을 선정적이라는 이유로 사전 검열하려고 했지요. 이에 루피 카우르가 공개적으로 문제를 제기하자 인스타그램은 검열 결정을 철회해야만 했습니다. 수많은 페미니스트가 이제 소셜미디어를 통해 생리를 다룬 작품들을 공개하지요.

사회적 진보는 오랜 시간 투쟁한 결과물로 성취됩니다. 민주주의, 인권, 평등과 자유가 그렇게 성취된 것이었지요. 월경에 대한 긍정적인 인식도 마찬가지입니다. 여성들은 주장하고 있습니다. 자신의 몸에서 일어나는 생리 작용을 향한 경멸을 멈추어달라고. 자신들을 있는 그대로 보아달라고.

17

대지진이 일어난 리스본에서
매춘 업소만 무사했다

✳✳✳

◇ 1775년 포르투갈 리스본에 '역대급' 대지진이 일어났다. 왕궁과 성당
　이 무너졌지만, 집창촌은 무사했다.
◇ 철학자들과 신학자들은 '신의 존재'를 의심하고, 과학적 사유를 시
　작했다.
◇ 포르투갈 정치 리더들 역시 '대지진'에 관한 기록을 남겨 후대의 과
　학적 탐구를 도왔다.
◇ 힘내라, 튀르키예.

국보급 성당 죄다 무너졌는데
집창촌만 멀쩡… 지독한 대지진 아이러니

무거운 재난이 무고한 시민을 덮쳤을 때, 무력감이 우리를 엄습합니다. 인간이라는 존재의 나약함, 삶에 대한 회의가 마음속을 가득 채웁니다. 튀르키예에서 벌어진 대지진을 보면서 든 생각입니다.

문명의 눈부신 발전에도 인간은 자연의 힘 앞에 무너집니다. 다시 한번 깨닫습니다. '신의 자리에 올라선 인간'이라는 자찬은 얼마나 알맹이가 없는 말인지요.

인류는 재난 속에서도 한 발씩 발걸음을 디뎠습니다. 고단한 삶 속에서도 시나브로 희망을 개척해 나갔지요. 역사가 이를 증명합니다. 1775년 리스본 대지진 이야기입니다. 인류가 대지진에서 일궈낸 희망

© Onur Erdogan, Voice of Ameria

• 2023년 2월 6일(현지 시간) 튀르키예와 시리아 접경에서 발생한 대지진으로
  수많은 사람이 집을 잃었다.

의 꽃을 소개합니다. 튀르키예 지진 사망자를 추모하는 마음으로요.

1775년, 성聖의 수도가
무너졌다

"로마의 몰락 이후 서구 문명에 가장 큰 충격을 준 참사."

인류 역사상 최악의 재난이었습니다. 그날은 11월 1일 '모든 성인 대축일All Saints' Day'입니다. 유럽에서 가장 성스러운 도시로 통한 포르투갈의 리스본은 어느 때처럼 평화로 가득했습니다. 모든 신앙인이 경건

1
8
8

한 마음으로 아침을 맞았지요. 가톨릭을 위해 한 몸 희생했던 성인들을 기리는 날이었기 때문에 더욱 그랬습니다. 가톨릭 신앙의 중심 리스본은 열 명 가운데 한 명이 성직자였을 만큼 신심으로 충만했지요.

가족들은 성당에 갈 채비를 갖추고 있었습니다. 아기들은 꼬까옷을 입고 엄마에게 미소를 지었고, 부모들은 아기의 행복을 기원하는 마음으로 벅차 있었습니다.

오전 9시 40분. 굉음이 울리기 시작합니다. 땅이 쩍 갈라지고, 가족의 소중한 보금자리가 모래성마냥 무너졌지요. 남녀노소 모두 생존을 위한 절규가 시작됐습니다. "신이시여, 제발 살려주소서."

하지만 신을 모시는 성당도 구원의 공간이 되지 못했습니다. 성체聖體도, 십자가도, 예수님을 그린 성화도 맥없이 쓰러졌지요. 제대에 놓인

• 리스본 대지진을 묘사한 19세기 삽화. 건물이 종잇장처럼 무너지고, 해일이 일렁이는 모습이 사실적으로 묘사됐다.

폐허가 된 카르모 성당 본당.
1775년 대지진의 처참함을
기록하기 위해
파괴된 모습 그대로 유지했다.

촛불이 목재로 옮겨붙어 화마가 신도들을 덮쳤습니다. 미사가 열리는 성소聖所 역시 지진에는 속수무책이었습니다. 아비규환의 지옥도가 그리스도가 임재하는 공간에 펼쳐집니다. 지독한 아이러니였습니다.

티치아노도, 루벤스도
지진과 해일에 휩쓸려

"달려야 한다. 바다로 가자."

생존자들은 건물의 잔해 속에서 구원을 찾았습니다. 리스본은 해양 도시입니다. 바다만이 안전하다는 생각이 들었을 테지요. 속절없이 무너지는 도시 안에서는 생명의 빛이 보이지 않았습니다. 도시의 젖줄이었던 바다로 향했습니다.

리스본의 모든 생명이 해안에 모였습니다. 자식의 손을 잡고 먼지를 뒤집어쓴 사람들, 노인을 부축한 젊은 부부, 미사를 집전하는 성직자, 주인 옆에서 살랑살랑 꼬리를 흔드는 강아지까지.

그러나 그곳에도 신은 없었습니다. 대지진이 만들어낸 쓰나미가 해안가를 덮쳤지요. 지진 발생 40분 후였습니다. 지진으로 죽거나 불에 타 죽거나 해일에 휩쓸려 죽었습니다. 악인과 선인, 부자와 빈자를 가리지 않은 무차별 대학살이었습니다.

리히터 규모 9.0. 사망자는 4만 명. 리스본 전체 인구 25퍼센트에

• 화가 주앙 글라마 스트로베를레가 묘사한 작품 〈1755년 지진의 알레고리〉.
  상단에 불의 칼을 들고 있는 천사의 모습이 보인다. 여전히 많은 이가
  지진을 신의 심판으로 여기고 있음을 보여준다.

해당하는 수치입니다. 건물의 85퍼센트가 파괴됐지요. 포르투갈이 자랑하는 마누엘 양식(후기 고딕)의 건축물도 재앙을 피할 수 없었습니다. 가장 큰 왕립병원이었던 호스피탈 레알 데 토도스 로스 산토스도 화마에 휩쓸렸습니다.

도시가 자랑하는 모든 문화유산도 스러져 갔습니다. 대지진 7개월 전에 문을 연 리스본 오페라하우스Opera do Tejo가 파괴됐지요. 250년 동안 왕의 거처였던 리베이라 궁전도, 가톨릭 성지였던 리스본 대성당도 지진과 쓰나미로 무너집니다.

인류의 지식과 예술이 담긴 7만 권의 도서도 함께 사라졌습니다. 포르투갈이 소장하고 있던 르네상스 화가 티치아노 베첼리오, 페테르 파울 루벤스, 안토니오 다 코레조의 작품과 대항해 시대를 이끈 바스코 다 가마의 탐사 기록도 허무하게 사라져갔지요.

신의 장난인가…
언덕에 자리한 집창촌은 살았다

"신이시여, 정녕 이것이 당신의 뜻입니까."

지진은 끔찍한 상흔을 남겼습니다. 리스본 중심지를 초토로 만들었을 뿐만 아니라, 포르투갈 최남단 알가르브에서도 무너진 집과 성당이 여럿 목격됐습니다. 충격파가 북유럽의 핀란드까지 전해졌을 정도입니다. 영국 남부 해안의 콘월 지방에서도 3미터의 쓰나미가 덮쳤다지요.

지질학자들은 이 지진의 여파가 대서양 건너 브라질까지 이어졌다고 보고합니다. 브라질 해안에 쓰나미가 덮쳤기 때문입니다. 진앙에서는

- 대지진 이전 리스본의 모습. 1700년대 중반 작품이다.

- 주앙 글라마 스트로베를레의 18세기 작품. 1755년 대지진 현장에서
  세 살짜리 아이를 구출하고 있다. 성모가 성자를 안고 위에서
  이를 지켜보고 있는 모습이 인상적이다.

얼마나 끔찍한 재앙이 펼쳐졌을지 감히 상상하지 못합니다.

신의 장난이었을까요. 한 장소만 도시에서 유일하게 멀쩡했습니다. 그곳의 이름은 알파마였습니다. 바로 집창촌이었지요. 성스런 도시 리스본에서 유일하게 죄악으로 가득 찬 이 공간만이 화를 면했습니다.

일반 시민과 성직자들의 따가운 눈초리를 피해 도심에서 멀리 떨어진 언덕에 자리를 잡은 덕분이었습니다. 고도가 높았기에 지진의 충격파에서 멀어질 수 있었고, 쓰나미를 피하기에도 좋았지요. 악마의 농간이었을까요.

지독한 재난 속에
과학과 철학이 꽃을 피우다

"신이 있다면 성당은 무너뜨리고 집창촌은 살린 이유가 무엇인가."

이 역설이 사유의 씨앗이 되었습니다. '신이 모든 일을 주재하신다'는 가르침에 철학자들이 의문을 제기하기 시작합니다. '삐뚤어진 인간을 향한 신의 심판'이라는 성직자의 목소리를 철학자들은 더 이상 수용하지 않았습니다.

종교의 자리에 이성을 놓았습니다. 지진의 원인을 '신의 섭리'로 보지 않고, 원리를 탐구하기 시작합니다. 철학자 이마누엘 칸트는 지진 이론을 정립하려고 노력했습니다. 과학의 용어로 지진을 설명하려는 최초의 시도였습니다.

칸트의 이러한 시도에 후대 철학자인 발터 벤야민은 "독일 과학, 지리학과 지진학의 시작"이라고 평했습니다. 물론 책의 내용은 뜨거운 가

• 이마누엘 칸트는 리스본 대지진을
과학적으로 바라보고자 한 철학자였다.
1768년 요한 베커가 그린 초상화.

스로 가득 찬 거대한 동굴의 이동이 지진을 불렀다는 등 황당한 이론으로 가득합니다. 다만, 칸트 이후로 학자들이 이성과 지성으로 현상을 분석하기 시작했다는 데 큰 의의가 있지요.

프랑스의 대표적인 계몽사상가인 볼테르는 '신께서 그림자처럼 세상만사를 관장하고 계신다'는 신정론神正論을 공격합니다. 「리스본 대지진에 관한 시Poeme sur le desastre de Lisbonne」가 대표작입니다. 볼테르는 '자비로운 신'에 대한 개념을 공격했습니다. 신이 있다면, 리스본의 성당을 무너뜨리고 집창촌을 온전하게 둘 수 있겠느냐는 메시지였지요. 전 유럽이 그의 사상에 열광합니다.

프랑스 사상가 드니 디드로도 리스본 지진을 "우연한 지질학적인 사건"으로 규정했습니다. '신의 저주'와 같은 황당한 해석을 더 이상 수용하지 않은 것이지요.

최악의 재난 속에서도
빛났던 정치

"죽은 자를 묻고, 산 사람에게는 먹을 것을 주어야 합니다."

절망 속 리스본에도 '사람'이라는 희망이 있었습니다. 국왕 주제 1세가 총리였던 폼발 후작 세바스티앙 조제 드 카르발류 이 멜루와 힘을 모았습니다. 총리는 시신을 처리해 전염병을 막고, 이재민 구호에 나서야 한다고 주제 1세에게 보고합니다. 왕은 총리에게 전권을 맡겼지요.

주제 1세는 폐허 속에서 약탈·방화 행위를 일삼는 야수 같은 자들을 처벌합니다. 도시 곳곳에 교수대를 세워 30명을 본보기로 목매달았지요. 선을 바로잡고 악을 벌함으로써 도시를 재건하고자 했던 셈입니다.

• 리스본을 재설계한 총리인 폼발 후작 카르발류.
루이스 마이클 반 루와 클라우드 조세프 버넷 작품.

리스본의 리더들은 재난을 그저 불운으로 여기지 않았습니다. 같은 재난이 다시 도시를 덮치더라도, 단단한 대응책으로 맞설 요량이었습니다. 카르발류 총리는 전국 모든 교구에 설문지를 돌립니다. '지진은 얼마나 오래 지속됐는가?', '바다나 연못, 강에선 무슨 일이 있었는가?', '땅이 갈라진 곳에서 어떤 특이점이 있었는가?' 등을 물었지요. 기록은 분석을 낳고, 분석은 지식을 잉태합니다. 오직 지식만이 재난을 막을 길이라는 사실을 이들은 알았던 것입니다.

이렇게 제1대 폼발 후작 카르발류는 현대 리스본 도시를 만들었습니다. 그가 진행한 조사는 영국 역사학자 리처드 험불린의 말처럼 '세계 최초의 지진에 관한 객관적 설문조사'였지요. 이때의 설문 결과는 포르투갈 국립문서보관소인 토레도 톰보에 소장돼 있습니다.

2023년 튀르키예가
1775년 리스본의 길을 걸으려면

리스본은 한 달 만에 재건 계획을 발표합니다. 왕국 수석 엔지니어인 마누엘 마이아가 설계한 폼발린 양식이었습니다. 건물 벽에 완충재 형식으로 목재를 넣고 사이를 회반죽으로 채우는 형식입니다. 가장 인기 있는 관광지인 리스본의 코메르시우 광장도 이때 만들어졌습니다.

과거 리스본은 가톨릭으로 가득한 도시였습니다. 하지만 대지진 이후 리스본을 세운 건 건축학, 도시공학, 그리고 인간의 지식에 대한 믿음이었습니다. 이를 가능하게 만든 왕 주제 1세와 총리 카르발류의 지도력도 빼놓을 수 없습니다. 리스본 대지진을 '유럽 근대화의 출발점'이라고

• 리스본 코메르시우 광장. 도시 중심부는 폼발린 바이샤로 불린다.
　리스본 재건을 주도한 총리였던 카르발류의 작위 '폼발 후작'에서 따왔다.

부르는 이유입니다. 재앙은 때로 큰 진보를 낳았음을 역사가 증명합니다.

　대지진이 튀르키예를 다시 공포로 몰아넣었습니다. 건물의 잔해 속에 있던 어린아이의 망연자실한 얼굴이 오래 기억될 것 같습니다. 따뜻한 공간에서 글 쓰는 일조차 사치로 여겨지는 요즘입니다. 부끄러운 마음을 담아 소망합니다. 1755년 리스본 부활이 2023년 튀르키예에서도 일어나기를. 대재앙을 겪은 아이들의 영혼이 다시 환하게 피어나기를.

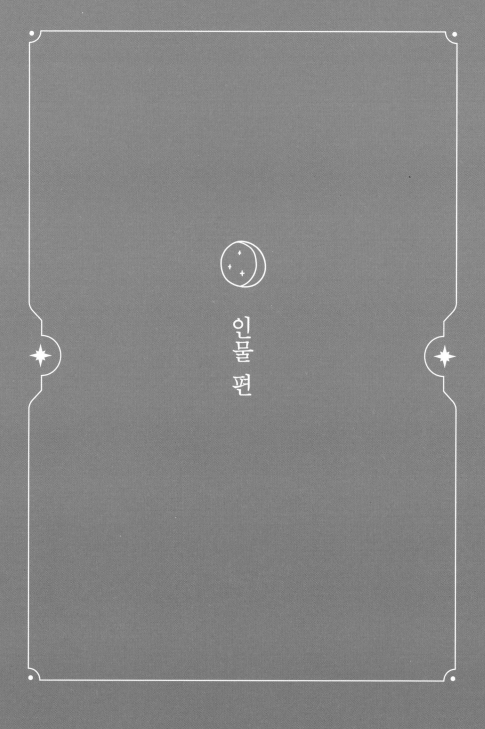

인물 편

18

때리며 쾌감 느낀 남자
사드 후작

＊＊＊

◇ 가학 성애를 일컫는 '사디즘'의 주창자 사드는 『소돔의 120일』 등
  변태 소설로 유명했다.
◇ 20세기 초부터 사드의 소설이 철학적으로 복권되기 시작했다. 페미니
  스트도 그를 주목했다.
◇ 성에 자유로운 여성상을 제시한 점에서 사드는 고故 마광수와 닮았다.
◇ 사드와 마광수의 극단적 야설은 당대의 도덕관념에서 자유롭다는
  점에서 문학적 수작으로 꼽히기도 한다.

근친상간·가학 성교로 가득한 '이 소설'

프랑스가 60억 원에 사간 이유는?

    "세상이 시작된 이래로, 가장 불순한 이야기."

    소설은 꺼림칙한 소재로 가득합니다. 동물과 거리낌 없이 수간하고, 납치한 미성년자들을 상대로 강간과 윤간을 거듭하지요. 근친상간, 소아 성애, 신성모독, 가학 행위에 이은 엽기적 살해는 덤입니다. 세상 모든 성도덕을 부정하는 극단의 것들이 나열돼 있죠. '야설'로는 부족하고, 고어물 중의 고어물이라고 불러야 할 정도입니다. 오죽하면 활자 중독자들마저 "한 장 한 장 넘기기 힘들다"고 할 정도니까요.

    이 문제적 작품의 이름은 『소돔의 120일Les Cent Vingt Journées de Sodome』, 저자의 본명은 도나시앵 알퐁스 프랑수아입니다. 우리에게 '사

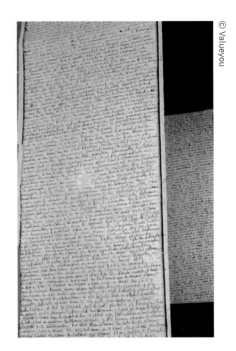

● 사드 후작이 바스티유 감옥에서 쓴
『소돔의 120일』 친필 원고.

드 후작'으로 더 유명한 인물이지요. 상대에게 육체적, 정신적 고통을 줌으로써 성적 쾌락을 얻는 '사디즘'은 이 사람의 이름에서 따왔습니다.

2017년 사드 후작이 쓴 『소돔의 120일』 육필 원고가 프랑스 파리 경매시장에 나왔습니다. 프랑스 문화부는 그 즉시 경매 중단을 명합니다. 프랑스의 보물이 경매를 통해 외국으로 유출되는 걸 방지하기 위해서였습니다. 프랑스 문화부는 450만 유로, 우리 돈 약 60억 원에 이 작품을 사들입니다. 고어적 야설을 국고로 사들인 셈입니다. 사드 후작과 그의 변태적 작품인 『소돔의 120일』에 어떤 가치가 있기에 프랑스 정부가 거액을 들여 샀던 것일까요?

극악의 고어물

『소돔의 120일』

프랑스 정부의 속뜻을 알기 위해 『소돔의 120일』의 줄거리를 열어봅니다.

> "10대 소녀를 납치해 오게. 우리는 그들과 밤새도록 강제로 성교를 할 거야. 때론 때리면서, 때론 맞으면서. 가능하면 소년들도 데려오면 좋겠군. 남색이 주는 황홀경도 놓칠 수 없거든."

태양왕 루이 14세 치세 말기였습니다. 지배 계층 넷이 중세 고성 '샤또 드 실링'에 모입니다. 귀족, 성직자, 전직 판사, 은행가인 이들은 4개월 동안 '극한의 쾌락'을 맛보기로 모의하지요. 여성 포주 네 명이 도우미를 자처했습니다. 악마 여덟 명은 10대 초반의 소년 여덟 명과 소녀 여덟 명을 납치합니다. 지배 계층 4인의 정욕을 채우기 위해서였지요.

이들의 가학성은 '크레센도'(점점 강하게)로 나아갑니다. 첫 모임인 11월 한 달 동안은 납치한 소년과 소녀 들을 대상으로 수음의 단계를 밟다가, 12월부터

Les 120 Journées de Sodome

ou

l'Ecole du Libertinage

par

le MARQUIS DE SADE.

Publié pour la première fois d'après le manuscrit original,
avec des annotations scientifiques
par
le Dr. EUGÈNE DÜHREN.

PARIS
CLUB DES BIBLIOPHILES
MCMIV

• 1901년 발행된 사드 후작의 책
『소돔의 120일』.

• 『소돔의 120일』의 실제 배경이 된 프랑스의 라코스테 성. 사드 후작은 이곳에서
  실제로 미성년자들을 납치해 가학 성교를 자행한 걸로 전해진다.
  프랑스대혁명 당시 폐허가 됐다가, 최근 유명 패션 디자이너 피에르 가르뎅이
  사들이면서 재정비됐다. 이후 해마다 예술 축제가 열린다고 한다.
  사드는 지금까지 예술가들의 뮤즈가 되고 있는 셈이다.

는 본격적인 강간이 시작됩니다. 나중에는 산 채로 아이들의 가죽을 벗
기고, 배변을 먹이며, 임신한 여성의 배를 가릅니다. 가학 성교로는 더
이상 만족할 수 없었기 때문입니다.

자신의 작품을 닮은 저자

사드의 삶

"더 많은 성적 자극이 필요해."

저자인 사드 후작의 삶도 자신의 작품만큼은 아니지만 성적인 방종의 극치를 달렸습니다. 성매매 여성과 관계를 갖다가 채찍을 휘두르고 불에 달군 쇠로 가학 행위를 했습니다. 1763년 스물세 살의 그가 귀족 여성과 결혼한 지 9개월 만의 일이었습니다. 1768년에는 독일인 미망인 로즈 켈러를 "가사 노동자가 필요하다"고 꾀어 성폭행하는 바람에 전국구로 이름을 알렸습니다.

4년 뒤에는 마르세유에서 성매매 여성 네 명을 불러 집단 성관계를 감행합니다. 남자 하인인 라투르와 성교도 서슴지 않았지요. 결국 당국의 수사에 쫓기게 되는데, 이때 애인 로네이와 이탈리아로 도망을 갑니다. 놀라운 것은 로네이가 사드 후작의 처제이자 수녀였다는 사실이지요. 이후 그의 변태적 성행위를 예의주시하던 프랑스 당국이 그를 뱅센 성에 가두는 데 성공합니다. 1778년이었습니다.

• 20세기 초현실주의 화가 만 레이가 상상해 그린 사드의 초상화. 노년이 된 사드가 자신이 갇혀 있던 바스티유 감옥이 불타는 장면을 바라보는 모습을 그렸다. 사드는 부인에게 보낸 편지에서 "하루에 여덟 번 이상 자위행위를 한다"고 기록했다. 또 자신의 일기장에 총 6536번의 항문 자위를 했다고 썼다.

그의 광기는 문제적 소설을
탄생시켰다

몸의 자유가 억압될수록, 그의 머릿속은 변태적 성애로 더욱 들어찼습니다. 그 에너지를 소설로 쏟아내기 시작하지요. 그 첫 작품이 바로 『소돔의 120일』이었습니다.

1785년 그가 바스티유 감옥에 있을 때였습니다. 두루마리 종이를 모아서 변태적 이야기를 써 내려갑니다. 물론 간수가 나타나면 재빠르게 숨기곤 했습니다. 당국에 소설 내용이 전해지면 다시 처벌당할 것을 우려해서였지요. 실제로 나폴레옹은 "이 변태 소설의 익명 작가를 당장 체포하라"고 했을 정도로 사드의 작품을 혐오했습니다.

그럼에도 그는 『소돔의 120일』을 집필하고, 1791년 『쥐스틴, 미덕의 패배Justine, ou les Malheurs de la vertu』와 1797년 『쥘리에트 이야기, 패덕의 승리Histoire de Juliette, ou les Prospérités du vice(La Nouvelle Justine』 역시 탈고

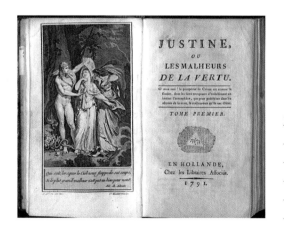

• 사드의 또 다른 대표작 『쥐스틴, 미덕의 패배』
초판 첫 페이지. 감옥에서 이 작품을 쓴
것으로 전해진다. 나폴레옹은 이 작품을
혐오해 사드 후작의 체포를 지시한다.
사드는 그 이후 정식 재판 없이
13년간 구금됐다.

합니다. 성적 에너지를 주체하지 못했기에 이를 문학적 상상력으로 소화했던 것이겠지요.

철학자들에게 조명받기 시작하는 사드

"사드는 시대의 뮤즈."

당대의 악동이었던 사드 후작은 20세기 들어 점점 지지를 얻습니다. 변태적 소설로 보이는 그의 텍스트에서 철학적 영감을 도출해내면서입니다.

『소돔의 120일』은 당시에는 변태 소설로 폄훼당했지만(물론 지금도 대부분 평이 그렇습니다), 한 세기가 지난 후에는 철학자들로부터 당대의 성과 도덕에 관한 모든 기준을 무너뜨렸다는 점에서 주목받기 시작합니다. 기존 소설에서 절대 볼 수 없었던 '희소성'도 사드를 높게 평가하는 이유 중에 하나였지요.."지금까지 존재하지 않았던 가장 자유로운 영혼"(소설가 기욤 아폴리네르)이라거나 "사랑의 상상력을 해방시켰다"는 극찬도 나왔습니다.

150년 동안 헐뜯음을 당해오며 금기시됐지만, 20세기를 맞아 전격적인 복권이 이뤄진 셈입니다. 20세기 초반 예술의 주축이었던 초현실주의자들은 "사드는 우리에 영감을 주는 존재"라고 공개적으로 선언하기까지 했습니다. 프랑스 정부가 60억 원의 거액을 쾌척한 배경에는 이 같은 문화적 조류가 자리하고 있었습니다.

하지만 여전히 의문이 드는 건 사실입니다. 기존에 없던 것이라고

• 사드 후작의 젊은 시절을 그린 초상화.
프랑스 화가 샤를 아메데 필립 반 루가
그린 작품이다.

• 1912년 H 비버스타인이 그린 사드 후작의 모습. 기욤 아폴리네르가 편집한
『사드 후작 작품집』(1912년)에 수록됐다.
20세기 철학계가 사드를 주목했음을 증명하는 작품이다.

해도, 『소돔의 120일』처럼 윤간, 고문, 근친 등 엽기적인 내용으로 가득한 소설이 높은 평가를 받다니요.

사드의 고립주의는
인간의 심연을 건드린다

사드의 내면으로 조금 더 들어가 보겠습니다. 그를 한마디로 표현하면 '철학적 변태'였습니다. 이상성욕자였지만 그에겐 고립주의isolisme라는 철학이 있었습니다.

　고립주의란 "이 세상은 모두 고립된 존재이기 때문에, 타자의 극심한 고통은 나 자신에게는 아무런 의미도 없는 반면, 스스로가 경험하는 아주 미미한 쾌감은 큰 감동을 준다"는 명제였지요. 그의 작품 속 캐릭터들이 타인의 고통에 공감 없이 극단적인 쾌락만 추구하는 이유였습니다.

　사드의 고립주의는 인간의 본성을 꿰뚫는 통찰이 있습니다. 지금도 우리는 먼 나라에서 벌어지는 학살에는 무관심하지만, 우리 삶 속 작은 쾌락에는 크게 반응하기 때문입니다.

　인류 역사를 봐도 고립주의적 해석에 힘이 실리는 사례가 많습니다. 나치가 웃는 모습으로 유대인을 학살하는 장면을 떠올려보세요. 일본 제국주의가 우리나라를 비롯한 아시아에 저지른 잔혹한 모습은 또 어떻고요. 광기의 폭력에 침묵한 선진국들의 위선도 빼놓을 수 없겠지요.

　제1차 세계대전과 제2차 세계대전 그리고 냉전까지, 인간의 이성을 맹신한 결과는 참혹했습니다. 계몽주의의 철학자 루소의 명제 "인간의 본성은 선하다"는 폐기 처분에 놓였습니다. 이제 인간의 내면 심연에 담긴 악에 주목할 시간이었지요. 사드가 "인간은 쾌락뿐"이라면서 내세운 정반대의 인간상이 현실에 더 적합해 보였습니다. 사드를 그저 광인의 야설 작가로 볼 수 없는 이유입니다.

사드의 저작에
페미니즘이 녹아 있다?

"선을 권장하고, 악을 징벌한다? 그건 자연에 위배되는 말이야. 자연은 언제나 쾌락만을 권장하거든."

사드 작품의 놀라운 점은 페미니즘적 요소를 발견할 수 있다는 것입니다. 대표작인 『쥐스틴, 미덕의 패배』와 『쥘리에트 이야기, 패덕의 승리』가 그렇습니다. 간단히 줄거리를 보겠습니다. 자매인 쥐스틴과 쥘리에트는 선과 악을 대표하는 정반대의 인물이지요. 쥐스틴은 착하고 예의 바르며 총명한 사람이었습니다. 반면에 언니인 쥘리에트는 품행이 방정 맞고 색욕에 가득한 여성이었죠.

전형적인 소설이라면 쥐스틴은 흥하고, 쥘리에트는 벌을 받을 겁니다. 사드는 언제나 우리의 상상을 벗어났지요. 그는 노골적으로 권선징악을 비웃습니다. 모든 이에게 좋은 사람이었던 쥐스틴은 그녀가 친절을 베푼 사람에게 빼앗기고 폭행당하면서 결국 강간까지 당하지요. 선인 쥐스틴의 죽음을 묘사한 대목은 사드의 가치관을 여실히 드러냅니다.

"입으로 들어간 번개가 질을 통해 나왔다. 하늘의 불이 휩쓸고 지나간 두 갈래의 길 위로 끔찍한 빈정거림이 지나간다." _『쥐스틴, 미덕의 패배』에서

• 악녀의 번영을 그린 책 『쥘리에트 이야기, 패덕의 승리』에
수록된 삽화. 우정을 헌신짝처럼 여긴 쥘리에트가 공모자와
함께 자신의 친구를 베수비오 화산에 던지는 모습이다.

쥘리에트는 어떤가요. 자기 몸을 파는 데 주저함이 없고, 거기서 자신의 욕망을 충족합니다(그는 친아버지를 유혹해서 성관계를 맺다가 머리에 총을 쏘기까지 합니다). 동성애와 난교 파티를 거리낌 없이 하는데도, 그의 삶은 최상위 권력으로 승승장구합니다. 교황과도 성관계를 맺는 인물이었으니까요. 쥐스틴의 제목에 '미덕의 패배'가, 쥘리에트의 제목에 '패덕의 승리'가 붙은 배경입니다.

일부 페미니스트가 쥘리에트를 새롭게 해석하기 시작합니다. 기존 남성들의 창녀에 관한 선입견을 해체했다는 이유에서입니다. 사드 이전의 작가들은 "여성은 본질적으로 정숙한 존재로, 창녀들은 그들을 팔아넘긴 사악한 부모들의 희생양"으로 그렸습니다. 이러한 생각의 이면에는 여성들은 본성적으로 정숙하고 성에 관심이 없는 존재라는 '편견'이 자리하고 있었지요.

사드의 작품 속 창녀들은 당대의 여성관을 완전히 전복해버립니다. 그들은 배신이나 유혹을 당한 것도, 교활한 포주에게 속아서 창녀가 된 순진한 시골 처녀도 아니었습니다. 당당히 자신의 의지와 욕구로 창녀가 되길 원하는 존재들이었지요. 쥘리에트의 대사는 새로운 여성관을 여실히 대변합니다.

"내가 창녀였다고 공개적으로 선언되었으면 좋겠어. 내 몸을 파는 것을 금지하는 그 비위에 거슬리는 서약을 깼으면 해."

_『쥘리에트 이야기, 패덕의 승리』에서

사드의 작품에서 벌어지는 성관계에서 성 역할의 전복이 수시로 일어나는 점도 페미니즘 요소로 여겨집니다. 가학적인 성관계에서 사드는

'가해자 남성'과 '피해자 여성'의 공식을 거부합니다. 때로는 여성이 채찍을 남성에게 휘두르며 가학적으로 다루는 장면이 반복적으로 등장합니다. 당시의 성관념으로는 결코 받아들이기 힘든 전위적인 내용이었습니다.

포르노가 여성의 육체를 대상화한다고 반대한 입장과는 달리, 오히려 포르노 작품을 통해서 전복적인 여성상을 구현해냈다는 해석이 나옵니다. 페미니스트인 안젤라 카터는 "사드적 여성"이란 이름으로 긍정적인 의미를 부여합니다.

문학의 여성관을 전복한
한국판 사드, '광마' 마광수

'순수한 여성'에 대한 남성들의 선입관을 전복한 소설가가 이 땅에도 있었습니다. 광마 고故 마광수입니다. 그의 문제작 『즐거운 사라』가 30년 전 우리 사회를 뒤흔들었지요.

"오늘은 어떤 남자와 잠자리를 가질까."

작품에서 여주인공 사라는 자신의 쾌락을 위해 여러 남성 때로는 여성과도 잠자리를 가집니다. 자신의 파트너가 죽었는데도 심리적 충격을 받지 않

© 청하출판사

마광수 장편소설
즐거운 사라

• 1992년 대한민국을 뒤흔든 화제작
  마광수의 『즐거운 사라』 표지.

는 존재로 그려지지요. 그리고는 다시 새로운 잠자리 상대를 찾아 나섭니다. 기존 문학이 그린 여성상을 거부했다는 점에서 그는 사드를 닮았습니다.

마광수의 『즐거운 사라』 필화 사건 20년 후, 대한민국 간행물윤리위원회가 『소돔의 120일』 번역본을 음란하다는 이유로 배포 중지하고 수거 결정을 내렸습니다. 마치 평행이론처럼 말입니다. 마광수와 사드의 사유는 무신론, 반금욕주의 등 여러 분야에서 공유하는 부분이 많습니다.

우리의 도덕관념으로는 마광수와 사드를 온전히 이해하기 힘듭니다. 하지만 마 교수가 생전 남긴 문학관은 우리에게 그들의 야설을 낯설게 하는 여운을 남깁니다.

"문학은 백성들을 가르치고 순치시키는 도덕 교과서가 되어서는 안 된다. 문학이 근엄한 교사, 또는 사상가의 역할까지 짊어져야 한다면 문학적 상상력과 표현의 자율성은 질식하고 만다. 문학의 참된 목적은 지배 이데올로기로부터의 탈출이요, 창조적 일탈이다."

_마광수

19

상관 부인과 아이 낳은 영웅
허레이쇼 넬슨

＊＊＊

◇ 영국의 허레이쇼 넬슨은 나폴레옹의 야욕을 막은 국민 영웅이다. 영
국판 이순신인 셈이다.

◇ 그는 해전에서 거둔 성과만큼 상사였던 윌리엄 해밀턴의 부인 에마와
의 염문으로 유명했다.

◇ 윌리엄 해밀턴은 에마가 넬슨의 아이를 가졌음에도, 이를 용인하고
응원해주는 호구였다.

◇ 모든 영웅에게도 흠결은 있다. 때로는 그 흠결이 이야기를 풍성하게
만든다.

상관의 부인과 애를 낳은
위대한 영웅 허레이쇼 넬슨

그는 가장 위대한 뱃사람이었습니다. 유럽 최강의 빌런 나폴레옹에 맞서
조국의 바다를 지켰습니다. 포탄을 맞아 한쪽 눈을 잃었고, 팔이 잘려 나
간 상황에서도 그는 갑판을 떠나지 않았지요. 총탄을 맞은 그는 이렇게
외칩니다. "신이시여, 저는 제 의무를 다했습니다."

　죽는 순간까지도 그는 애국자이자 바다 사나이였습니다. 우리나라
이순신 장군만큼이나 영국에서 존경받는 허레이쇼 넬슨의 이야기입니다.

　여기 또 한 명의 남자가 있습니다. 그 역시 군인이었습니다. 상관의
집에 방문했다가, 부인을 보고 한눈에 반했지요. 포기를 모르는 군인정
신이 빛(?)을 발합니다. 불륜에 빠져들었고, 그녀를 임신시키기까지 했

• 허레이쇼 넬슨의 초상화.
영국 화가 르뮤엘 프랜시스 애벗의
1799년 작품이다.
동양의 넬슨으로 통하는 일본의
토고 제독은 "넬슨은 이순신
다음으로 가장 위대한
해군이다"라고 말하기도 했다.

었지요. 사랑의 행각은 상관이 버젓이 눈 뜨고 있는 집에서도 이뤄집니다. 이 전설적(?)인 만행을 저지른 이의 이름 역시 허레이쇼 넬슨입니다. 영국의 영웅이자 세기의 불륜의 주인공입니다.

허레이쇼 넬슨과
에마의 운명적 만남

이 세기의 불륜, 그 시작점으로 떠나봅니다. 1793년 9월 12일 이탈리아 나폴리가 배경입니다. 해군 허레이쇼 넬슨이 이 땅에 발을 디딥니다. 영국 해군에 입대할 지원군을 요청하기 위해서였습니다. 프랑스혁명으로 지중해의 안보가 위협받는 시기였습니다. 영국으로서는 지중해를 프랑스 혁명군에게 빼앗기지 않기 위해 원군이 절실했지요.

나폴리 주재 영국 대사이자 전직 상사였던 윌리엄 해밀턴이 넬슨의 조력자였습니다. 그가 직접 나서서 나폴리 왕실에 영국을 지원해야 할 당위성을 설명합니다.

마침 나폴리왕국의 페르디난도 4세와 그의 아내 마리아 카롤리나는 프랑스혁명의 파고를 막아야 할 명분이 확실했습니다. 루이 16세의

• 윌리엄 해밀턴 초상화.
스코틀랜드 출신 화가
데이비드 앨런의 작품으로
1775년에 그려진 것으로
추정된다.

• 화가 조지 롬니가 그린 에마의 초상화. 조지 롬니는 해밀턴의 조카인
  그레빌의 친구였는데, 에마를 뮤즈로 여겼다. 1782년 작품.
  그림처럼 아름다웠던 그녀의 외모는 상류 계층의 이목을 끌기에 충분했다.

부인이자 혁명으로 단두대에서 목이 잘린 마리 앙투아네트가 왕비 마리아 카롤리나의 막냇동생이었기 때문입니다. 그녀는 남편에게 혁명이 왕가에 끼칠 위험을 설명하는 데 주저하지 않았습니다. 그녀의 옆자리엔 윌리엄 해밀턴이 함께했지요.

넬슨과 에마 해밀턴의 운명적인 만남이 이뤄집니다. 에마는 뛰어난 미모와 예술적 재능으로 이미 나폴리 왕가를 비롯한 상류 계층의 '스타'였지요. 스타는 스타를 알아보는 법일까요. 그녀는 미국 독립전쟁 참전을 시작으로 두각을 나타냈던 넬슨에게 깊은 호감을 느꼈습니다. 다만 이 두 사람에게는 각자 엄연히 배우자라는 장벽이 있었지요. 5일이라는 넬슨의 체류 기간도 사랑의 불꽃을 피우기엔 너무 짧은 시간이었습니다.

넬슨은 2000명의 지원군과 여러 척의 선박을 나폴리 왕실로부터 얻어냅니다. 닷새 후 전장에 나가 세인트 빈센트 곶 해전(1797년), 카디스 타격, 산타크루스 데 테네리페 해전에서 승전보를 전합니다.

넬슨이 이집트 나일강에서 프랑스군을 꺾었다는 소식에 나폴리 정계가 크게 기뻐했습니다. 곧 프랑스가 나폴리를 침략할 것이란 소문이 퍼진 상황이었기 때문이었습니다. 영국 해군의 승리는 나폴리의 것과 다름없었지요. 윌리엄 해밀턴과 에마에게도 행복한 소식이었습니다. 감격에 겨운 에마가 넬슨에게 전한 편지는 200년이 지난 지금까지도 전해집니다.

"이처럼 완벽하고, 영광스러운 소식은 없을 거예요. 승리자 넬슨과 함께 이 땅에서 호흡한다는 게 얼마나 영광스러운지 모릅니다. 남편 윌리엄 경과 저는 당신을 껴안고 싶어 견딜 수 없습니다."

_에마가 넬슨에게 보낸 편지에서

영웅의 귀환… 그러나
그 몰골은 처참했다

넬슨이 나폴리로 돌아온 건 1798년이었습니다. 잇단 해전에서 승리를 거둔 그는 전 유럽의 영웅이 되어 있었지요. 그런데 그의 몰골은 처참했습니다. 1794년 코르시카 섬에서의 전투로 오른쪽 눈을, 3년 뒤인 1797년 스페인 테네리페에서 작전을 펼치다 팔 한쪽을 잃은 몸이었기 때문이었습니다. 영웅의 몸은 만신창이 그 자체였습니다. 전사에게 상처는 훈장과 같다지만, 넬슨의 경우에는 그 상흔이 너무나 혹독했지요.

• 테네리페 전투에서 부상을 입은 넬슨을 묘사한 그림. 잇단 전쟁에서 최전방에 섰던
  그의 몸은 성하지 않았다. 테네리페 전투에서 그는 팔 한쪽을 잃는 중상을 입었다.
  리처드 웨스톨의 1806년 작품.

성치 않은 몸이지만, 나폴리는 그를 영웅으로 대접했습니다. 페르
디난도 4세가 항구에서 그를 직접 의전했고, 윌리엄 해밀턴 경은 그를
집에서 머물도록 했습니다. 에마 역시 그를 극진히 간호하는 데 도움을
줬습니다. 평소 존경해 마지않던 영웅을 눈앞에서 직접 볼 수 있다는 사
실에 에마는 가슴이 떨렸을 겁니다.

남편의 묵인 아래 시작된
노골적인 불륜

"내 아내와 연애해도 나는 상관없네."

상식 밖 행동이 이때부터 전개되기 시작합니다. 에마가 넬슨에게 연정을 품고 점점 농도 짙은 애정 행각을 벌이는데, 남편인 윌리엄 해밀턴이 이를 용인하는 것입니다. "감히 내 아내를 네놈이"라는 격정의 사자후를 토해낼 법도 한데, 윌리엄 해밀턴은 넬슨에 대한 존경과 애정을 놓지 않았습니다.

심지어 셋이 함께 산책하고 데이트를 즐기기도 했습니다. 그들 세

• 영국의 풍자화가인 제임스 길레이가 그린 윌리엄 해밀턴. 공공연한 연인 관계인 넬슨과 에마에게 무관심한 듯 다른 작품을 감상하고 있는 해밀턴을 풍자했다. 벽 맨 왼쪽에 걸린 그림은 클레오파트라로 묘사된 에마와 그의 연인 마크 앤서니로 그려진 넬슨. 1801년 작품.

사람은 자신들을 '하나로 뭉친 셋'이라 불렀습니다. 그리고 2년이 채 안 된 1801년 1월. 에마가 딸아이를 출산합니다. 이름은 허레이티아. 누구의 딸인지 짐작하시겠지요. 여성에게는 거의 쓰지 않던 이름이었는데도 불구하고, 허레이쇼 넬슨의 자식이라는 걸 강조하고 싶었기 때문일 것입니다. 물론 윌리엄 해밀턴은 이를 축복해줬습니다.

이들의 삼각관계는 언론의 화제를 모았습니다. 우리로 치면 고위 외교대사 부인이 파견 나온 육군 장교의 아이를 낳은 희대의 스캔들이었기 때문입니다. 조롱 섞인 보도가 나오는 것도 당연한 수순이었습니다.

호구라 불린 사나이, 윌리엄 해밀턴은
왜 불륜을 용인했을까

여기서 잠깐, 윌리엄 해밀턴의 정신 구조를 분석해보는 것이 좋겠습니다. 그는 왜 넬슨과 에마의 불륜을 용인했을까요? 해밀턴과 에마의 결혼 그 자체도 정상적으로 시작되지 않았기 때문입니다.

에마의 삶에서 힌트를 발견할 수 있습니다. 그녀는 가난한 대장장이의 딸이었습니다. 영국 체셔의 네스턴 지방에서 아버지 없이 자라다 홀로 런던으로 상경해 하녀, 배우, 누드 댄서와 성매매까지 섭렵했지요. 타고난 외모와 예술적 재능을 겸비한 덕분에 그녀는 상류 계층의 눈에 띄었습니다. 여러 유명 인사들의 정부情婦가 되었지요. 그중 한 명이 찰스 프랜시스 그레빌이었습니다.

그레빌은 에마의 외모에 빠졌지만, 그녀를 진지한 연애 대상으로 생각지는 않았습니다. 신분도 비천한 데다가 돈도 별로 없는 여성을 부

인으로 데려갈 수는 없었거든요. 에마의 생각은 달랐다는 게 문제였지
요. 그녀는 그레빌을 제법 진지한 연인으로 여겼습니다. 사랑의 온도 차
는 언제나 비극을 낳지요. 그레빌이 돈 많은 가문의 여성과 결혼을 결심
했을 때, 에마를 처리할 묘안을 고안합니다.

이리 차이고, 저리 차인
에마 해밀턴의 비운

　"에마, 잠깐 나폴리에서 바람 좀 쐬고 올래?"
　그레빌은 돈 많은 귀족인 외삼촌에게 에마를 넘기기로 결심합니다.

• 넬슨이 1801년께 에마에게 보낸 것으로 전해지는 러브레터.
에마를 지키겠다는 의지가 담긴 내용이다. 이 편지는 최근
경매시장에 나와 6000~8000파운드 사이로 가격이 책정됐다.

외삼촌은 주 나폴리 영국 대사 윌리엄 해밀턴. 마침 부인과 사별하고 나폴리에서 적적한 생활을 이어가던 그에게는 솔깃한 제안이었죠. 에마는 처음에 바람만 잠깐 쐬다 오는 여행인 줄 알았습니다. 6개월 후 그녀는 깨닫습니다. 그레빌이 외삼촌에게 자신을 떠넘겼다는 것을.

1786년 크리스마스에 에마는 윌리엄 해밀턴의 정부가 되기로 결심합니다. 그때 에마의 나이 21세. 윌리엄 해밀턴의 나이는 56세였습니다. 5년간의 생활 끝에 윌리엄 해밀턴은 에마와의 공식적인 결혼을 결심했지요. 나폴리 생활이 만족스러웠고, 해밀턴 또한 "최고의 남편이자 친구"로 손색이 없었습니다. 에마는 이제 공식적으로 '레이디 해밀턴'이라 불리게 됩니다.

다시 에마와 넬슨의 로맨스로 돌아갑니다. 윌리엄 해밀턴은 에마가

넬슨과 사랑을 나누는 것에 어떤 불편한 기색도 보이지 않았다고 전해집니다. 왕실 후계자였던 왕자(후에 조지 4세)가 에마에게 눈독을 들이자 분노와 질투에 사로잡힌 넬슨에게 해밀턴이 편지를 보내기도 했습니다. "에마는 넬슨 자네에 대한 충절을 잘 지키고 있네."

마치 장인어른이 사위를 달래는 것처럼 보일 정도입니다. 서른다섯 살이라는 나이 차이로 에마를 딸처럼 느꼈기 때문일까요, 성에 관대한 그의 태도가 자리하고 있었던 것일까요? 조카의 애인과 결혼하고, 아내의 불륜까지 용인하면서 불륜남까지 달래주는 이 태도. 할리우드 사랑법의 원조격이라고 해야 할까요.

죽는 순간까지도 영웅은
불륜녀를 챙겼다

"제가 죽더라도 에마와 허레이티아를 돌봐주십시오."

희대의 삼각관계에도 끝이 보였습니다. 세 사람이 런던에서 함께 거주하던 1803년이었습니다. 남편 윌리엄 해밀턴이 그해 4월 세상을 떠났습니다. 나폴레옹전쟁이 발발하면서 유럽에 다시 전운이 감돌던 때였지요. 넬슨 역시 다시 바다로 나갈 수밖에 없는 상황이었습니다.

역사가 기록하듯 2년 후인 1805년 트라팔가르 전투에서 넬슨은 비장한 최후를 맞이합니다. 이 전투에서 패배한 나폴레옹은 러시아로 방향을 돌려야만 했습니다. 역사는 넬슨이 마지막에 했다는 말 "신이시여, 감사합니다. 저는 제 의무를 다했습니다"를 부각합니다. 하지만 넬슨은 죽는 순간까지 "에마에게 재산을 주고, 허레이티아가 넬슨 성을 쓸 수 있도

- 프랑스 화가 피에르-니콜라 르그랑 드 르랑의 작품으로, 넬슨이 그리스 신화에 나오는
  신들의 인도를 받고 하늘로 승천하는 모습을 그렸다. 넬슨이 얼마만큼이나 유럽에서
  신격화됐는지를 알 수 있는 작품이다.

록 해주십시오"라는 당부를 남겼습니다.

그러나 유언은 제대로 지켜지지 않았습니다. 넬슨의 장례식에는 런던 시민 수천 명이 집결합니다. 에마는 그 자리에 초대받지 못했습니다. 유산도 아주 적은 돈만 받을 수 있었지요. 에마와 넬슨이 함께 살았던 머튼 영지를 유지하기에는 매우 부족한 수준이었습니다.

남편 해밀턴 가문에서의 상속도 요원한 일이었습니다. 윌리엄 해밀턴이 죽고 그의 유산 관리인으로 그레빌이 선임됐기 때문입니다. 에마의 전 애인이자 해밀턴의 조카였지요. 그는 에마에게 제대로 유산이 상속될 수 있도록 돕지 않았습니다.

화려한 에마의 삶
끝은 허망 그 자체였다

정신적 기둥이 사라지자 에마는 방탕한 삶을 살았습니다. 뭇 남성들의 정부가 됐고, 파티에도 빠지지 않았지요. 외모를 유지하기 위한 지출은 늘어만 갔습니다. 결국 빚을 갚지 못하고 징역형을 선고받습니다. 넬슨의 유물을 경매로 내놓기에 이르지요. 출소 이후에는 빚쟁이들을 피해 프랑스 칼레로 도망가야만 했습니다. 그녀는 넬슨과 함께한 그 장소에 다시는 갈 수 없었지요.

그리고 1815년 1월 에마가 넬슨과 해밀턴의 곁으로 가게 됩니다. 그녀의 나이 49세였습니다. 넬슨의 이름 뒤에는 항상 에마 이야기가 따라붙습니다. 그들은 살아서도 죽어서도 함께인 셈이었습니다. 넬슨의 영웅담 뒤로 세기의 불륜이라는 자극적인 타이틀이 붙은 배경입니다.

현대인의 눈으로도 비정상적인 사랑이지만, 그 사랑 덕분에 세상 모든 이야기꾼에게 영감을 줬다는 사실이 역설적으로 느껴집니다. 그리고 다시 한번 사색합니다. 영웅과 성인일지라도 너저분한 티끌이 있음을요.

20

프랑스를 구한 불륜녀
아녜스 소렐

* * *

◇ 중세 프랑스의 왕 샤를 7세는 왕비의 하녀 아녜스 소렐과 불륜을 저
  질렀다.
◇ 아녜스 소렐은 왕에게 적대적인 신하들을 설득하고, 상인을 중용해
  국가 재정을 튼튼히 했다. 영국과 치른 백년전쟁에서 승리하는 기반
  을 마련한 셈이다.
◇ 샤를 7세는 아녜스 소렐의 공적을 인정해 공식 정부인 '메트레상티트
  르'로 임명하고 성을 하사한다. 가톨릭 국가에서 이례적인 행위였다.
◇ 프랑스 정치 리더들의 사생활 존중의 배경에는 이런 '영웅적'인 정부
  의 활약이 있지 않을까.

리더의 막장 불륜이
조국을 구했다?

조국 프랑스의 위기는 끝나지 않았습니다. 국고는 바닥이었고, 침략자 영국은 수도 앞까지 칼날을 들이밀었지요. 어느 때보다 지도자의 정치력이 중요한 순간이었습니다. 상황이 이런데도 국왕 샤를 7세는 술과 여자에 빠져 있었지요. 유럽의 최강자를 가리는 백년전쟁에서 승자는 영국인 듯했습니다. "신께서 '가톨릭의 큰딸' 프랑스를 버렸다"는 말도 공공연히 들려왔지요.

1443년 샤를 7세는 여전히 취해 있었습니다. 평소와 같은 어느 날 밤 파티장에서였습니다. 새하얀 얼굴에 빨간 입술의 여성이 나타납니다. 왕비의 새로운 시녀랍니다. 천하의 색골 샤를 7세가 놓칠 리 없었지요.

• 16세기에 그려진 작자 미상의 아녜스 소렐 초상화.

'오호라, 오늘 밤은 심심하지 않겠군.'

여느 때처럼 '하룻밤 장난'으로 가려고 했습니다.

"그대의 이름이 어떻게 되는가?"

그런데 당돌한 이 소녀, 왕 앞에서 겁도 없이 외칩니다.

"폐하, 조국 프랑스가 영국에 넘어갈 위기입니다. 부디 정신 차리세요."

잔 다르크를 떠올리게 하는 당당한 이 소녀는 후에 왕의 정부가 되는 아녜스 소렐입니다.

프랑스 학계는 아녜스 소렐이 백년전쟁에서 프랑스를 승리로 이끈 주역 가운데 한 명이라고 평가합니다. 일부 역사학자들은 "프랑스 역사에서 잔 다르크만큼이나 중요한 인물"이라고 얘기할 정도입니다. '왕의 애인'은 동서고금을 막론하고 국가 위기의 빌미였다는 점을 고려하면, 이런 평가는 이례적이지요. 그녀는 어떤 인물이었을까요.

위기에 빠진 프랑스
영웅 잔 다르크의 등장

• 깃발을 든 잔 다르크를 묘사한 작품. 작자와 연대는 미상.

"전쟁도, 정치도 싫다. 술이나 다오."

샤를 7세는 하루하루가 고주망태였습니다. 백년전쟁 후반기 영국의 기세가 대단했기 때문입니다. 영국 왕 헨리 5세의 영웅적인 활약으로 프랑스는 아쟁쿠르 전투에서 대패합니다.

프랑스 선대왕 샤를 6세는 딸 카트린 드 발루아를 헨리 5세에게 시집보낼 수밖에 없었지요. 그리고 두 사람(헨리 5세와 카트린)의 아들을 프랑스 왕위 계승자로 인정하는 굴욕적인 '트루아 조약'에까지 서명합니다. 왕세자였던 샤를 7세는 영국 혈통인 조카에게 왕위를 빼앗긴 비운의 처지였습니다.

"저에게 군사를 맡겨주십시오"

영웅은 난세에 나타난다지요. 이때 나타난 인물이 잔 다르크였습니다. 1429년 4월 17세의 소녀가 왕에게 겁 없이 "신이 프랑스를 구하라는 계시를 내렸다"면서 자신에게 군사를 맡길 것을 제안했지요. 샤를 7세와 정치·종교 지도자들은 그녀의 처녀성(성녀라면 마땅히 처녀여야 한다는 당대 인식 때문이었습니다)을 검사했고, 그녀는 이를 통과합니다. 이제 프랑스군을 이끄는 이는 17세 소녀였습니다.

• 샤를 7세의 대관식을 그린 그림. 옆에 백기를 들고 있는 소녀가 잔 다르크다. 1876년 작품.

무척이나 용맹한 소녀였습니다. 적진을 향해 가장 먼저 달렸고, 병사들에게 "신이 우리와 함께 하신다"라고 소리쳤습니다. 전투에 지친 병사들은 잔 다르크를 보면서 다시 힘을 내곤 했습니다. 신이 프랑스와 함께한다고 모두가 믿게 되었을 정도였지요.

잔 다르크는 루아르에서 승리를 거두고, 랭스까지 탈환하는 데 성공합니다. 랭스 대성당은 프랑스 왕들이 대대로 대관식을 치르는 장소였기에 그 승리는 큰 의미가 있었지요. 우리나라로 빗대자면 임진왜란에서 한양을 수복하고 경복궁을 다시 손에 넣은 것과 같은 맥락이었습니다.

마침 영국의 영웅 헨리 5세가 35세의 나이로 요절해버립니다. 아들 헨리 6세는 한 살이 되지 않은 신생아였죠. 샤를 7세가 트루아 조약을 무시하고, 가까스로 왕위에 다시 즉위할 수 있었던 배경입니다. 물론 영국은 지속적으로 자신들이 프랑스의 왕이라고 주장했지요.

우유부단한 리더십에 다시
발목 잡힌 프랑스

그러나 전쟁은 쉬이 끝나지 않았습니다. 적대 관계로 돌아선 내부의 적 부르고뉴 공국이 문제였습니다. 프랑스 왕가의 혈족이었으나 부르고뉴 공국의 지도자 '용맹공' 장이 반목 끝에 왕가에 의해 살해당한 사건 이후 그들은 서로를 증오했지요.

부르고뉴는 노골적으로 영국의 편에 섰습니다. 전장에서 붙잡은 잔 다르크를 영국에 넘긴 것도 그들이었지요. 잔 다르크는 가톨릭교회에 의해 이단 혐의로 잡혀 화형을 당합니다. 1431년 5월 30일, 그녀의 나이

19세였습니다. 프랑스의 운명은 안갯속이었습니다.

　　샤를 7세는 다시 외줄타기 상황에 놓였습니다. 잔 다르크는 죽고, 프랑스의 금싸라기 땅인 노르망디와 앙주 지방은 여전히 영국의 손아귀에 있었습니다. 다행히 부르고뉴와 화해했지만, 프랑스 국토를 통일하기에는 그의 성격이 너무 우유부단했습니다. 결국 그가 찾은 건 술과 여자, 그 두 가지뿐이었지요. 이때 아녜스 소렐이 나타난 것이었습니다.

'암군' 샤를 7세를 각성시킨
왕비의 하녀

아네스 소렐은 왕비 마리 드 앙주의 시녀였습니다. 절세미인이었던 스무살의 여인에게 샤를 7세는 완전히 마음을 빼앗겼죠. 샤를 7세의 나이는 마흔 살, 불혹이었습니다. 전쟁에 지친 심신을 달래줄 여인이라 여긴 것도 무리는 아니었습니다. 샤를 7세가 진지한 마음으로 구애를 펼치자 아네스 소렐은 그의 애인이 되기로 결심했습니다.

"프랑스의 신하로서 조국의 편에 서시지요."

아네스 소렐은 국정을 '농단'하는 경국지색이 아니었습니다. 당대의 미인이자 현명한 여인이었고, 또 애국자였습니다. 국고를 튼튼히 함과 동시에 샤를 7세를 각성시키는 촉매 역할을 자처했지요. 프랑스를 분열로 몰아넣은 귀족들을 찾아가 지지를 호소했고, 부유한 상인들에게 군

• 1941년 프랑스 지폐에 그려진 자크 쾨르. 아네스 소렐의 측근이었던 그는 대상인으로 프랑스 왕실에 막대한 자금을 빌려주어 백년전쟁에서 프랑스가 승리하는 데 발판을 마련했다.

자금을 요청하기도 했습니다.

동방 무역으로 큰 부를 일군 자크 쾨르 역시 아네스 소렐의 대표적 측근이었습니다. 그는 후에 왕의 수석 고문으로 프랑스의 재정을 담당하면서 전쟁에 대비할 군자금을 모으는 데 이바지합니다. 귀족들과 상인들은 아네스 소렐의 (미모와) 화술에 넘어갑니다. 프랑스의 신하들은 샤를 7세의 편에 설 수밖에 없었습니다.

연인을 향한 사랑이
다시 프랑스를 일으켰다

프랑스의 곳간은 차고 있었습니다. 하지만 샤를 7세의 우유부단함은 계속됐지요.

"우리가 정말 잉글랜드를 이길 수 있을까."

그때 아네스 소렐이 일갈합니다.

"저는 왕의 연인이 될 몸이라고 예언을 받았습니다. 지금 상황이라면, 저의 연인은 잉글랜드의 왕이 되겠네요. 그들이 이 땅을 점령하고 있으니까요."

샤를 7세가 발끈합니다. 자기 여인이 헨리 6세의 품에 안긴 모습을 상상하니 미칠 것 같았지요. 다시 군대를 일으킵니다(미친 사랑의 힘!). 1441년 프랑스군이 샹파뉴를 수복하고, 1450년에는 포미니 전투에서 대포를 이용해 잉글랜드군을 격파했지요.

프랑스가 대포로 무장할 수 있었던 자금 역시 아네스 소렐이 국가 재정을 튼튼히 만들었기 때문이었습니다. 잉글랜드 장궁에 의해 박살이

났던 과거와는 확연히 달랐습니다. 1453년 카스티용 전투에서 승리를 거둡니다. 칼레(그 유명한 〈칼레의 시민들〉의 배경입니다)를 제외한 프랑스 전역에서 잉글랜드를 몰아냅니다.

샤를 7세가 '승리왕le Victorieux'이 될 수 있었던 데에는 잔 다르크와 아녜스 소렐 두 여인의 활약을 빼놓을 수 없습니다. 멍청한 왕이었지만 여자 복은 타고났다고 해야 할까요. 아녜스 소렐은 경국지색(나라를 위태롭게 한 미인) 대신 부국지색(나라를 부강하게 한 미인)이 어울리는 위인이지요.

샤를 7세의 '찐사랑'
불륜녀를 왕의 '공식 연인'으로 만들다

샤를 7세의 사랑은 '찐'이었습니다. 궁정에서 백년전쟁을 도운 아녜스 소렐을 1444년 왕의 공식 정부인 '메트레상티트르maitresseen-titre'로 임명합니다. 영어로는 '로얄 미스트리스', 우리말로는 왕의 공식 애인을 뜻합니다. 그럴듯한 직함을 만들어 대내외적으로 왕의 연인임을 선포한 셈입니다.

이제 궁의 정치는 아녜스 소렐을 중심으로 돌아갑니다. 귀빈을 맞을 때 왕의 옆자리에는 왕비가 아닌 정부 아녜스 소렐이 앉았지요. 기독교 국가에서 아내를 두고 '왕의 연인'이라는 자리를 만든 것만으로도 샤를 7세가 그녀를 얼마나 총애했는지 알 수 있습니다. 왕비였던 마리 드 앙주로서는 자신의 하녀가 남편과 바람피우는 것도 모자라 자신의 자리를 위협하는 것까지 그저 지켜봐야만 했습니다.

이뿐인가요. 샤를 7세는 아녜스 소렐에게 왕실의 재산인 로슈 성까지 하사했습니다. 성은 '보떼 쉬르마른', 아름다움의 궁전이라고 불렀습니다. 마리 드 앙주의 분노가 어느 정도였을지는 상상조차 되지 않습니다. 어머니의 울화가 전해져서일까요. 그의 아들 루이 11세는 즉위한 뒤에 이 성을 감옥으로 바꿔버렸지요.

아녜스 소렐은 프랑스 궁의 아이콘이기도 했습니다. 화려한 패션으로 유행을 선도했지요. 목과 어깨가 훤히 드러난 옷을 착용했고, 옷자락이 바닥에 질질 끌리는 드레스도 입었습니다. 당시 종교인들이 "몸 파는 여성들의 옷"이라고 비난했던 옷차림입니다. 가톨릭 신부들은 "악마의 꼬리"라고 비난하기도 했지요.

• 장 푸케의 〈성모자〉. 아녜스 소렐을 모델로 그린 그림으로 유명하다.
  소렐은 당시 가슴을 일부 노출하는 패션으로 사교계에 논란을 불렀다. 1451년 작품.

하지만 그녀의 영향력을 막기엔 역부족이었습니다. 귀부인들이 그녀의 패션을 따라 하기 시작합니다. 가슴이 훤히 드러나는 토플리스 패션은 그의 미적 감각에서부터 시작돼 현대까지 이어지고 있습니다.

아네스가 떠난 뒤에도 계속된
샤를 7세의 광태

프랑스 궁정의 핵심인 아네스 소렐은 백년전쟁 막바지인 1450년 세상을 떠납니다. 그녀의 나이 28세. 샤를 7세의 넷째 아이를 출산하던 중이었죠. 더구나 그녀는 왕의 전쟁을 지원하기 위해 노르망디 주미에르 지역까지 이동하고 있었습니다. 그녀가 왕에게 얼마나 헌신적이었는지를 알 수 있는 대목이죠. 프랑스 왕궁과 사교계에서는 루이 11세가 그녀를 독살했다는 소문이 퍼졌습니다.

　샤를 7세는 아네스 소렐의 심장을 주미에르 성당에 안치합니다. 시신은 두 사람이 함께 사랑을 나눈 로슈 지역 성당에 묻었습니다. 심장과 시신을 분리해 장례를 치르는 건 왕족의 특권이었지요.

　소렐이 사망한 지 3년 후 프랑스는 백년전쟁을 승리로 장식합니다. 영국은 전쟁 패배의 후유증으로 분열하기 시작합니다. 그 유명한 장미전쟁의 서막이었습니다. 절반은 아네스 소렐의 공입니다.

　샤를 7세는 순애보처럼 그녀를 평생 그리워하며 살았을까요? 그럴리가요. 그는 소렐의 사촌 동생 앙투아네트 드 메넬레와 불륜 관계를 이어갑니다. 프랑스 사학자 앙드레 모루아는 이런 말을 남깁니다.

● 샤를 7세와 아녜스 소렐이 머물던 로슈 성 전경.
  차기 왕 루이 11세에 의해 감옥으로 개조됐다. 일종의 복수심이 아니었을까.

아녜스가 죽은 후에도 샤를 7세는 음란한 노인의 광태를 지속했다. 그는 유능한 조언자들의 은혜를 잊었으나 행복하고 강대한 프랑스를 남겨놓았다.

_앙드레 모루아, 『프랑스사』에서

왕의 공식 정부인 '메트레상티트르' 제도는 그 이후로도 계속 계승됩니다. 앙리 4세의 정부 디안 드 푸아티에, 루이 15세의 정부 퐁파두르 부인 역시 로얄 미스트리스였습니다. 왕의 정부는 더 이상 수치스러운 자리가 아니었지요. 오히려 궁정의 주축이자 모든 사교계의 부인들이 선망하는 자리였습니다. 국가의 대소사가 메트레상티트르를 통해서 이뤄졌기 때문입니다.

프랑스 리더들의 거침없는
사생활의 계보

프랑스의 정치를 보면 유독 낯선 지점이 많습니다. 그중 하나가 정치 지도자들의 연애에 대한 대중의 태도이지요. 그들이 이혼하건 불륜 행위를 하건 나이 차이가 심한 여성과 결혼하건, 프랑스 시민은 사생활이라며 일축합니다. 대한민국에서라면 스캔들이라는 딱지가 당장 붙고 퇴진 구호가 울려 퍼졌을 일인데 말입니다.

　"정치 지도자라도 사생활은 존중받아야 한다"는 의식은 프랑스대혁명, 68혁명 등 누대에 걸친 시민운동의 결과일 것입니다. 여기서 더 나아가 발칙한 상상을 해봅니다. 아녜스 소렐과 같은 불륜녀들이 활약한 것이 국가 리더의 사생활을 존중하는 의식의 기반이 된 건 아니었을지. 리더의 불륜이 잉글랜드로부터 조국을 지킨 나비효과를 불렀으니까요. 어디까지나 역사 애호가의 치기 어린 '사색'이니, 너그러이 봐주시기를.

• 트럼프 카드 다이아의 Q 모델이
아녜스 소렐이다.

21

프랑스 리더의 불륜 평행이론
앙리 2세

✳✳✳

◇ 프랑스 대통령 마크롱과 부인 브리지트는 스물네 살 차이의 사제지
간이었다.

◇ 16세기 왕 앙리 2세의 정부 디안 드 푸아티에도 스무 살 연상의 선생
님이었으나 그와 사랑에 빠졌다. 불륜의 평행이론이었다.

◇ 앙리 2세의 사랑을 못 받은 부인 카트린 드 메디시스는 점성술사 노
스트라다무스에게 의지했다. 이 덕분인지 앙리 2세는 마상 창 시합에
서 사고로 죽었다.

스무 살 연상 여인과 사랑

프랑스 리더들의 평행이론

"인생의 가장 힘든 시기, 저를 잡아준 유일한 사람이었습니다. 혼란과 좌절의 연속에서 그녀의 존재로 인해 길을 잃지 않았습니다. 그녀는 등대였고, 인생의 선생님이었습니다. 이제 굳건히 자리를 잡은 지금, 못다 한 고백을 하려 합니다. 스무 살의 나이 차이도 상관없고, 사제 관계라는 장벽도 개의치 않습니다. 유부녀면 또 어떤가요. 중요한 건 제가 그녀를 사랑한다는 사실인 걸요."

선생님을 사랑한 남자가 있습니다. 스물네 살 연상, 게다가 유부녀임에도 개의치 않았지요. 프랑스 대통령 에마뉘엘 마크롱 이야기입니다. 지금 배우자인 브리지트와의 로맨스를 두고 누군가는 '세기의 사랑'이라고 하고, 누군가는 '세기의 불륜'이라고 얘기합니다. 마크롱 대통령이 열다섯 살이던 학창 시절, 연극반 선생님이었던 서른아홉 살 유부녀와의 만남 끝에 15년 만에 결혼에 성공했기 때문이었죠.

역사는 반복된다지만 이렇게까지 반복될 줄은 몰랐습니다. 스무 살 이상의 나이 차이, 사제 관계, 유부녀와의 로맨스가 프랑스 역사에서 또 있었기 때문입니다. 앙리 2세와 디안 드 푸아티에 이야기입니다. 네 사람의 이야기를 소개합니다.

유부녀 선생님과 사랑에
성공한 마크롱

우선 현 마크롱 프랑스 대통령의 이야기부터 시작합니다. 1993년 프랑스 아미앵 지역의 한 학교. 열다섯 살 마크롱은 활력이 넘치는 소년이었습니다.

예술에 관심이 많은 이 소년은 연극반 수업을 듣게 되었지요. 거기에서 만난 선생님이 브리지트 마리클로드 트로뇌였습니다. 금발의 파란 눈, 눈에 띄는 미인이었지만, 그녀의 나이는 39세. 띠동갑, 그것도 두 바퀴였습니다. 마크롱의 연애 상대로는 넘을 수 없는 나이 차이였지요.

더구나 브리지트는 1남 2녀를 둔 유부녀였습니다. 심지어 그녀의 큰딸은 마크롱과 같은 반 학우였습니다. 미래 대통령의 결기를 이때부터 보였다고 해야 할까요. 연극 수업을 하면서 마크롱은 브리지트에게 구애를 시작합니다. 그는 나이와 신분을 장애물로 여기지 않았습니다. 오직 사랑 하나만 믿고 돌진했지요.

프랑스가 아무리 개방적인 사회라도, 금기라는 것이 엄연히 존재합니다. 부모님이 마크롱의 저돌적이고 위험한 사랑을 알고서는 그를 아미앵에서 파리로 전학시켜버렸지요. 하지만 그에게 거리 따위는 중요하지 않았습니다. 파리에서도 끝없이 브리지트에게 편지를 쓰며 "다시 돌아와 당신과 결혼하겠다"고 구애를 펼칩니다.

그의 열정 덕분이었을까요. 브리지트는 2006년 1월 남편과 이혼합니다. 이내 고향을 떠나 파리에서 교사 자리를 구하지요. 마크롱이 있던 곳이었습니다. 브리지트는 나중에 이를 회상하면서 "조금씩 내 저항이 무너졌다"고 했지요. 2007년 그들은 마침내 결혼합니다. 이미 둘이 연애를 하고 있었기 때문에 "명백한 불륜"이라고 조롱하는 의견이 많은 것도 사실입니다.

프랑스 역사에서 반복된
여선생과 제자의 사랑

자, 이제 시곗바늘을 과거로 돌려봅니다. 1520년대 프랑스입니다. 왕자 앙리 2세는 외로운 아이였습니다. 어머니이자 프랑스의 왕비 클로드 드 프랑스는 다산으로 세상을 일찍 떠났지요. 앙리 2세의 나이 이제 막 다섯 살. 무엇보다 엄마의 품이 그리웠을 나이였지요.

그의 양육과 교육을 담당하던 이가 디안 드 푸아티에였습니다. 큰 키에 사냥으로 다져진 날씬한 몸매, 교양까지 겸비한 인물이었지요. 무엇보다 앙리 2세의 지근거리에서 그의 허한 마음을 채워주던 사람이었습니다. 앙리 2세는 엄마의 빈자리를 디안을 통해 채워가고 있었습니다.

• 앙리 2세의 어린 시절.
이때 디안 드 푸아티에와
처음 만났을 것으로 추정된다.
화가 장 클루에가 그린
1520년대 작품.

• 프랑스의 왕 프랑수아 1세(앞줄 왼쪽 세 번째)는 스페인 합스부르크의 카를 5세(왼쪽 다섯 번째)와
라이벌이었지만 중요한 전투에서 늘 패배했다. 앙리 2세가 포로로 잡힌 배경이다.
그림은 이탈리아 화가 타데오 주카리의 1538년 작품 〈니스의 휴전〉.

안정을 찾던 앙리 2세에게 또 한 번 시련이 닥칩니다. 아버지 프랑수아 1세가 스페인 합스부르크 왕가 카를 5세와 치른 파비앙 전투에서 대패를 당했기 때문입니다. 프랑수아 1세는 포로 신세로 전락해버렸지요.

일국의 왕이 타국의 포로로 오래 살 수는 없는 법입니다. 프랑수아 1세는 왕자인 앙리 2세를 스페인 왕실의 볼모로 제안합니다. 이국땅에서 이방인들과 자유를 빼앗긴 채 살아가는 슬픔을 견뎌야 했지요. 앙리 2세의 나이 겨우 일곱 살이었습니다.

엄마 같은 디안과 떨어져야 한다는 불안도 컸습니다. 그러나 디안은 의연히 그를 위로합니다. "왕자님, 저는 이 자리에서 당신을 기다리겠습니다. 몸 건강히 꼭 돌아오세요."

어린아이에서 의젓한 기사로
불꽃 사랑이 시작되다

4년 후 앙리 2세가 귀환합니다. 열한 살의 나이. 긴 시간이 흘렀지만, 앙리 2세는 고향을 떠날 때의 치욕을 잊지 않았습니다. 자신을 버린 아버지를 더욱 증오하게 되지요. 동시에 자신에게 꾸준히 편지를 보낸 디안을 향한 사랑은 더욱 애틋해집니다. 그래서였을까요. 제법 청소년 티가 나기 시작할 무렵부터는 공개적으로 구애를 하지요.

"나는 한 사람의 기사로서 당신을 사랑하오." 앙리 2세는 기사도로 무장한 사람이었습니다. 중세 유럽에서 기사는 한 여인을 위해 목숨도 바칠 결기를 드러낼 수 있어야 했습니다. 그 여인이 앙리 2세에게는 디안이었지요. 당시 기사도의 문화에 따라 자신이 디안을 위한 기사가 되겠다고 공개적으로 서약합니다.

　디안은 그러나 유부녀였습니다. 마크롱과 브리지트 영부인의 첫 만남과 같은 상황이었지요. 엎친 데 덮친 격일까요. 아버지 프랑수아 1세가 앙리 2세의 결혼을 추진합니다. 물론 상대는 디안이 아니었습니다.

　프랑수아 1세는 당시 유럽 최강국인 합스부르크 왕조 스페인에 대항하기 위해 교황청의 힘이 필요했습니다. 앙리 2세를 교황 클레멘스 7세의 조카와 결혼시키기로 한 이유였지요. 그 유명한 카트린 드 메디시스였습니다. 이름에서 유추할 수 있듯 그녀는 메디치 가문의

● 청년 시절 앙리 2세를 묘사한 초상화. 화가 프랑수아 클루에가 그린 1559년 작품이다.

사람이었습니다(메디시스는 메디치의 프랑스어 발음입니다). 앙리 2세와 디안, 그리고 카트린까지. 세 사람의 삼각관계가 이렇게 시작됩니다.

삼각관계의 서막이 열리다

사랑은 장애를 먹고 자란다고 했던가요. 앙리 2세는 결혼 이후 더욱 열렬히 디안에게 구애합니다. 처음에는 완곡하게 거절 의사를 밝힌 디안도

• 디안 드 푸아티에의
젊은 시절. 작자 미상.

어느새 앙리 2세가 남자로 보입니다. 마침 남편과도 사별했기에 몸도 마음도 적적했지요(디안의 남편은 마흔 살 연상의 귀족이어서 이른 죽음은 당연한 수순이었습니다).

결국 디안은 잘생기고 훌륭한 기사로 성장한 앙리 2세를 받아들입니다. 앙리의 나이 15세, 디안의 나이 35세였지요. 디안으로서는 아버지뻘 남편과 살다가 이제는 아들뻘 애인이 생긴 셈입니다.

앙리 2세의 나이 어느덧 스물여덟 살. 그가 프랑스 최고 권력인 왕의 자리에 오릅니다. 자연스레 디안은 프랑스의 공식 정부인 메트레상티트르 자리에 오르지요. 앙리 2세는 프랑스의 대원수였던 프랑수아 안 드 몽모랑시와 디안에게 국정을 맡깁니다. 왕비였던 카트린 드 메디시스의 자리는 없었습니다.

디안은 왕의 마음을 흔들어 나라를 망치는 여인이 아니었습니다. 심지어는 앙리 2세에게 왕비인 카트린과 어서 빨리 아이를 낳으라는 당부를 했을 정도였지요. 앙리 2세가 카트린과 낳은 아이를 정성껏 돌본 사람 역시 디안이었습니다. 그녀는 앙리 2세가 다른 여성들(필리파 두시, 쟈넷 스튜어트 등)과 관계해도 너른 마음으로 그를 품었습니다.

속이 타들어가는 카트린
노스트라다무스를 만나다

하지만 카트린의 속은 까맣게 타들어갔습니다. 그녀가 누구입니까. 유럽 최고의 가문인 메디치 가문의 상속녀였지요. 유럽 유수의 왕가가 탐내는 집안이었고, 삼촌은 종교 권력의 최고봉에 오른 교황 클레멘스 7세였습니다. 그런 그녀를 두고 대놓고 바람을 피우다니요.

• 노스트라다무스는 카트린을
달래주면서 왕실의 실력자로
떠올랐다. 아들 세자르 데
노트르담이 그린 노스트라다무스
초상화. 1614년 작품.

공허한 마음을 달래줄 이가 필요했습니다. 그때 그녀 옆을 지킨 사람이 있었습니다. 점성술과 예언으로 유명한 이 사람, 노스트라무스였지요. 카트린은 그의 예언과 점성술로 희망이 자신을 찾아오리라 믿었을 것입니다.

앙리 2세의 죽음
그리고 복수의 시작

드디어 카트린에게 기회가 찾아옵니다. 앙리 2세가 스페인과 카토-캉브레지 조약을 체결한 1559년이었습니다. 이탈리아 땅에서 프랑스 권력을 포기한다는 굴욕적인 조약이었지요. 앙리 2세는 딸인 엘리자베트 드 발루아를 스페인 왕 펠리페 2세에게 울며 겨자 먹기로 시집을 보냈습니다.

결혼 축하연 자리, 전쟁에서 지고 딸도 빼앗기듯 시집보낸 앙리 2세는 몹시 화가 난 상태였을 것입니다. 그 울분을 자신이 평소 좋아하는 마상 시합으로 풀 생각이었겠지요. 프랑스의 우군이었던 스코틀랜드의 근위대장과 가브리엘 1세 드 몽고메리와 자웅을 겨룹니다. 그리고 몽고메리의 부러진 창 파편이 앙리 2세의 눈에 박혔지요. 그는 그렇게 사경을 헤맸습니다.

카트린 드 메디시스의 복수는 이제부터였습니다. 앙리 2세는 임종 직전 디안을 만나고 싶어 했지만, 카트린은 결코 이를 허용하지 않았지요. 그동안 쌓여 있던 울분을 이제야 풀기 시작한 것이었을까요. 앙리 2세는 힘없이 세상을 떠납니다. 그토록 그리워하던 디안을 못 본 채 말이지요.

- 노스트라다무스의 저주라도 걸린 것일까. 앙리 2세는 마상 시합 도중 창에 눈이 찔려 사망하기에 이른다. 당시 마상 시합을 그린 독일 판화.

- 앙리 2세와 디안이 사랑을 나눴던 슈농소 성. 카트린이 디안의 이 성을 빼앗았다.

적폐 청산의 시간입니다. 그들의 흔적을 지우기 위한 작업이 수행
되지요. 카트린은 디안에게 슈농소 성을 내놓으라고 요구합니다. 디안과
앙리 2세가 사랑을 나눴던 공간입니다. 대신 훨씬 급이 떨어지는 성인
쇼몽 성을 건네주었습니다. 앙리 2세가 주었던 보석 역시 '국가 유물'이
라는 이름으로 반환을 명합니다.

슈농소 성에는 앙리 2세와 디안의 흔적이 여럿 남아 있었습니다. 앙
리 2세는 자신의 성 H와 디안의 이니셜 D를 따서 성 여러 곳을 장식했
지요. 카트린이 이를 차지한 이후 D를 자신의 이니셜 C로 바꿔놓습니다.

디안은 프랑스 중북부 아네트에서 조용히 삶을 보내다가 생을 마감
합니다. 그녀의 나이 64세였습니다. 왕비 카트린은 그 이후 프랑스를 격
변으로 몰아넣는 중추적인 인물로 자리합니다.

• 샤토 드 슈농소에 새겨진 프랑스 왕실 상징.
앙리 2세 사후 왕비 카트린은 이 성에 자신의 이름
이니셜 C와 앙리 2세의 이니셜 H를 새겼다.
그런데 아이러니하게도 디안을 의미하는 'D'가 겹쳐 보인다.

죽어서도 앙리 2세는
디안과 함께하지 못했다

프랑스 왕들의 무덤인 파리 북부 생드니 성당으로 가봅니다. 이곳에 앙리 2세와 카트린의 장엄한 묘가 자리합니다. 왕족 묘 중에서는 걸작 중 걸작으로 불립니다. 카트린은 잠든 듯 편안해 보이지만 앙리 2세는 고통에 몸부림치는 듯 머리가 젖혀진 모습입니다.

남편의 사랑을 받을 수 없었던 카트린의 복수극이었을까요. 불륜한 남자는 사후에까지 고통받는다는 메시지를 남김으로써 말입니다. 사랑의 선후 관계야 어찌됐든, 처에 대한 배신은 그에 상응하는 벌을 받기 마련입니다.

22

부인을 두 명이나 공개 처형한 왕
헨리 8세

***

◇ 헨리 8세는 첫 부인과 이혼하고자 했으나 교황청이 허락하지 않자 잉글랜드의 국교까지 바꿨다. 성공회의 시작이었다.

◇ 두 번째 부인 앤 불린에게 사랑이 식자 불륜을 명목으로 사형에 처했다. 그의 공식 결혼 횟수는 여섯 번이다.

◇ 학자들은 헨리 8세의 잦은 결혼이 왕세자를 낳아 왕권을 강화하기 위한 작업이었다고 분석한다.

◇ 잉글랜드는 성공회 창교 이후 극심한 종교 갈등을 겪었다. 호색 혹은 왕권 유지를 위한 욕망이 부른 나비효과였다.

이혼하기 위해 국가의 종교를
바꿔버린 왕

"이혼할 구실이 필요해. 간통이든 뭐든 꼬투리를 잡아 와. 필요하면 죽여도 상관없어."

사람들은 아연실색할 수밖에 없었습니다. 재혼한 지 얼마 안 된 새 부인과 이별을 결심한 이 남자의 발언 때문이었습니다. 첫 아내와 이혼할 때만 해도 "새로운 사람과 진실한 사랑에 빠졌다"면서 유난을 떨던 그였지요.

조강지처가 울면서 "당신과 이혼할 수 없다"고 외쳤지만, 그는 어느 때보다 단호했습니다. 공식적인 모임에서도 새 연인을 대동하면서 이렇게 소개했지요. "제가 사랑하는 여인이고, 우리는 곧 결혼할 겁니다."

영원한 건 없다지만, 그의 사랑은 정말이지 짧디짧았습니다. 새 연인과도 마찬가지였지요. 활활 타오르던 열정이 촛대의 미약한 촛불마냥 위태로웠습니다. 새 부인의 호탕한 성격도 이제는 우악스럽게만 느껴진다며 경멸의 눈길을 보냅니다. 화사한 미소, 윤이 흐르던 검은 머릿결, 짙은 눈동자의 하얗고 긴 목도 이젠 지겨움과 증오의 상징이었습니다.

그 남자는 결국 새 부인을 죽음으로 몰아넣었습니다. 얼마 지나지 않아 새 사람과 다시 결혼했지요. 세상을 떠나기 직전까지 그가 올린 결혼식만 총 여섯 번. 수시로 아내를 갈아치운 문제적 남자의 이름, 잉글랜드의 왕 헨리 8세입니다.

부인을 여섯 번이나 갈아치운 그는 유럽을 떠들썩하게 만든 인물이었습니다. 색욕에 미친 인물처럼 보이지만, 보이는 것만큼 단순하지는 않았습니다. 그의 속사정을 들어볼까요.

형수와 결혼한
헨리 8세

헨리 8세와 첫 부인 캐서린의 러브 스토리로 들어가 봅니다. 그는 애초 왕이 될 운명은 아니었습니다. 손위로 왕세자인 형 아서가 있었거든요. 헨리 7세의 맏아들 아서는 당대 최강국으로 부상하던 스페인의 공주 캐서린과 결혼합니다. 프랑스와 맞수 관계였던 잉글랜드는 스페인과의 혼례를 통해 유럽에서 입지를 구축하려 했지요.

　문제는 아서의 병약함이었습니다. 1502년 그는 결혼 5개월 만에 숨을 거둡니다. 젊은 캐서린은 졸지에 과부가 될 신세였지요. 더불어 잉글랜드는 스페인이라는 강대한 동맹국을 잃을 위기에 처합니다. 아직 입금이 덜 된 거액의 지참금은 또 어쩌고요. 잉글랜드 왕 헨리 7세가 캐서린을 놓칠 수 없는 또 다른 이유였습니다.

　영악한 헨리 7세는 슬며시 다른 카드를 밀어 넣었지요. "두 사람이 결혼은 했지만 잠자리는 안 한 것 같은데…. 저희 차남 헨리는 어떤가요?"(원래 헨리7세 본인이 캐서린과 결혼할까도 고민했지만 포기한 뒤였습니다.)

　스페인 왕가로서도 나쁘지 않은 제안이었습니다. 딸을 과부로 남길 바에야 차기 영국 왕비로 만드는 게 여러모로 남는 장사였지요. 1503년 6월 헨리와 캐서린의 약혼식이 거행되고, 1509년에는 결혼식까지 올렸지요. 캐서린의 나이 23세, 헨리 8세 18세였습니다.

● 루카스 호렌바우트가
그린 캐서린.
1525년 작품.

삐걱댄 시작이었지만 사랑은 나름 순항합니다. 캐서린은 지성인이었고 미인이었지요. 헨리는 그녀를 신뢰했습니다. 군사 작전을 펼치기 위해 외국에 나갈 때면 캐서린에게 섭정을 맡겼을 정도였습니다. 그녀는 언제나 살뜰히 나라 살림을 살폈지요. 총명한 딸 매리도 낳았습니다. 꼭 필요한 아들을 보는 데에는 실패했지만 상관없는 듯 보였습니다.

앤 불린의 등장
흔들리는 헨리 8세의 마음

결혼한 지 16년 무렵인 1525년이었습니다. 왕비와 접견을 한 헨리 8세의 눈에 한 여성이 들어옵니다.

"저 여인은 누구인고?"

"캐서린 왕비 폐하의 시녀 앤 불린입니다."

과거 헨리 8세가 잠자리를 같이하던 매리 불린의 동생이라고 옆에 있던 신하가 귀띔합니다.

'오호, 매리의 동생이 이렇게 매력적인 여성이었다니.'

헨리 8세는 앤에게서 특별함을 느꼈습니다. 젊음의 생기와 프랑스 궁정에서 배운 교양이 있었기 때문입니다. 무수히 많은 정부에게 못 느꼈던 매력을 그녀에게서 발견했지요. 앤 불린이 헨리를 유혹하면서도 정작 잠자리까지 허용하지 않은

● 짙은 머릿결과 눈동자,
그리고 흰 목의 앤 불린은
한눈에 헨리 8세를 사로잡았다.
1550년 작품.

'밀당'과 당당함도 통했습니다. 몸이 달아오른 헨리 8세가 결국 앤 불린과의 결혼을 결심합니다.

왕의 이혼이
잉글랜드 역사를 바꿨다

사랑은 언제나 장애물이 있을 때 더욱 불타오르는 법이지요. 헨리 8세는 캐서린과 이혼(엄밀히 말해서 혼인 무효)을 고민합니다. 하지만 캐서린의

집안 배경이 문제였습니다. 그녀는 스페인의 왕족이었지요. 이혼은 곧 스페인을 적으로 만드는 셈이었습니다. 결국 믿을 건 교황의 허락뿐이었지요. 헨리 8세는 오늘날 재벌가의 이혼소송처럼 혼인 무효를 위한 성경적 이론을 탄탄히 준비해서 갔습니다.

"교황 성하, 저희 혼인을 무효로 해주십시오."

헨리 8세는 답을 찾기 위해 성경을 꺼내 들었습니다. 그리고 적당한 구절을 발견하지요. 구약성서의 레위기에 나오는 한 대목이었습니다.

"누구든지 그의 형제의 아내를 데리고 살면 더러운 일이라 그가 그의 형제의 하체를 범함이니 그들에게 자식이 없으리라."

_레위기 20:21

그가 딱 필요로 하던 '신의 말씀'이었습니다. 캐서린은 20년 동안 헨리 8세의 건실한 배우자로 살아왔지만, 또 다른 이와 사랑에 빠진 헨리 8세의 눈에는 이제 그녀가 형 아서의 부인일 뿐이었습니다.

하지만 당시 유럽은 가톨릭이 지배했습니다. 교황청은 이혼을 원칙상 허용하지 않았지요. 대신 부부가 친척간이라 근친상간에 해당하면 '혼인 무효'를 선언해준 경우는 가끔 있었습니다.(힘 있는 왕족들이 자주 이용한 수법이었지요.)

헨리 8세는 성경 구절을 내밀며 캐서린이 형 아서의 부인이라 주장하지요. 또 그가 평소 '신앙의 수호자'를 자처하면서 종교개혁에 맞서 가톨릭 편을 든 전력도 내세웠습니다. "내가 이렇게 가톨릭을 위해 싸웠으니, 제발 캐서린과의 혼인을 무효로 해달라"는 것이었지요.

가톨릭은 고민합니다. 영국 편을 들어주자니, 찝찝한 부분이 있었

습니다. 최강대국 스페인이 캐서린의 고향이었기 때문이지요. 잉글랜드
도 필요한 동맹국이었지만, 아직 국력이 스페인에는 따라오지 못했습니
다. 결국 교황청은 헨리 8세 이혼을 받아들이지 않습니다.

잉글랜드의 종교개혁
500년 전 브렉시트

"이제 가톨릭을 버리고 우리의 길을 간다."

헨리 8세는 대단한 야심가였습니다. 자신의 앞길을 막는 자라면 그
게 교황이라도 용서하지 않았지요. "영국은 이제 우리만의 종교를 믿겠

• 한스 홀바인이 그린 토머스 모어.
그는 헨리 8세와 캐서린의 이혼,
그리고 성공회를 국교화하는 데
반대해 사형을 당했다.
위대한 사상가도 군주의 욕망
앞에서는 목숨이 위태로웠다.

다"고 외칩니다. 유럽 대륙과는 다른 자신들만의 길을 가겠다는 선언이었습니다. 500년 전의 브렉시트라고 봐도 무방하겠지요.

영국 성공회Anglican Church의 시작이었습니다. 이를 극렬히 반대하던 이들은 대규모 사형을 당했다지요. 『유토피아』로 유명한 당대의 사상가 토머스 모어가 왕의 재혼도, 성공회를 국교화하는 것도 반대합니다. 결국 그는 의연히 죽음을 맞았습니다. 모어는 사형 집행장에서도 점잖게 수염을 빼며 말합니다. "내 수염은 반역죄를 짓지 않았네. 그러니 조심해서 자르게." 가톨릭은 순교한 그를 시성합니다.

사랑에 미친 남자
그에게도 사정은 있다

일반인의 시선으로는 이해가 안 가는 대목이 많습니다. 앤 불린을 사랑했다고 하더라도, 국가 전체 종교까지 바꿔버리는 행동을 감행하다니요. 그것도 최강대국 스페인을 적으로 돌리면서까지 말입니다.

여기에는 역사적인 배경이 있습니다. 왕권의 약한 기반이 문제였습니다. 잠시 시계를 과거로 돌려보겠습니다. 아버지 헨리 7세는 장미전쟁에서 요크 왕조였던 리처드 3세와의 전투에서 승리합니다. 그리고 튜더 왕조를 새로 세우죠. 헨리 8세가 즉위한 때로부터 겨우 24년 전의 일이었습니다.

최종 승리자는 튜더 가문이었지만 반역의 잔불은 쉬이 꺼지지 않았습니다. "내가 진짜 영국의 왕위 계승자"라고 선언하는 이가 많았지요. 라이벌 주변국들 역시 튜더 왕조의 허술한 권력 기반을 노렸습니다. 여기

- 1545년에 그린 헨리 8세의 가족사진. 제인 시모어가 이미 사망한 뒤였지만,
헨리 8세는 자신의 지근거리에 아들 에드워드와 제인 시모어를 뒀다.
서녀로 강등당한 매리와 엘리자베스가 떨어져 있는 것과 대조적인 모습.

에 왕위 계승자인 아들까지 없다니요. 결코 있어선 안 될 일이었습니다.

잉글랜드 역사에서도 여성이 왕위에 오르고자 했을 때 끔찍한 내전
이 벌어졌지요(마틸다-스티븐 내전 1138~1153년). 여성이 왕좌에 앉으
면 찬탈자가 나타난다는 게 그들의 공통 기억이었습니다. 그가 신실하게
믿던 가톨릭을 버리면서까지 이혼을 선택한 배경입니다.

헨리 8세에게 앤 불린과의 이별은 더 큰 비극으로 다가옵니다. 앤
불린이 여러 차례 사산한 끝에 또 딸 하나만 낳자 헨리 8세가 결별을 선
택했던 것이지요.(앤 불린이 아들을 사산한 날은 캐서린의 장례식 날이었습
니다. 신의 분노였을까요.) 꼬투리 잡을 것이 없었기에 헨리 8세는 앤 불린
이 자신의 신하 여러 명과 불륜을 저질렀다는 혐의로 사형에 처합니다.

그 뒤 헨리 8세는 의연히 제인 시모어와 결혼합니다. 앤 불린의 시
녀였지요. 그토록 바라는 아들을 낳았지만, 시모어는 금방 사망합니다.
그리고 세 번의 결혼을 더 했지요. 부인들은 이혼당하거나 사형당하거나

병사했습니다. 마지막 부인 캐서린 파만 살아남을 수 있었지요. 나이 차이가 스물한 살이나 났던 덕분에 헨리 8세가 먼저 세상을 떠났기 때문입니다.

종교 갈등의 소용돌이에
빠진 잉글랜드

헨리 8세는 잉글랜드의 역사를 송두리째 흔들었습니다. 성공회가 국교로 제정됐지만, 시민들의 삶 구석구석에 스며든 가톨릭을 완전히 제거할 수는 없었기 때문입니다. 종교의 분열은 국가의 분열을, 그리고 시민의 갈등을 의미했지요.

헨리 8세가 사망한 뒤 아들 에드워드 6세가 즉위합니다. 그러나 그는 병약한 왕으로 일찍 죽음을 맞습니다. 뒤를 이은 이는 첫 부인 캐서린의 딸 매리였습니다. 그녀에게 영국 성공회는 자신의 어머니를 폐위로 이끈 더러운 종교나 다름없었습니다.

매리 1세는 즉위하자마자 성공회를 탄압하고, 가톨릭을 앞세웠지요. 이에 저항하는 자들에게는 피를 맛보게 했습니다. 그녀의 별명이 '블러디 매리Bloody Mary(피의 매리)'가 된 배경이지요.

'권불십년'이라 했던가요. 앤 불린의 딸 엘리자베스 1세가 매리 1세의 뒤를 잇습니다. 그녀는 성공회가 영국의 중심이 되어야 한다고 믿었습니다. 잉글랜드 여왕들 모두가 '엄마 사랑'을 몸소 실천한 것이었지요. 나라 전체가 왕의 정체성에 따라 혼란을 겪어야만 했던 셈입니다.

찰스 1세가 시민혁명에 의해 목이 잘린 배경에도 그의 아내가 신실

• 헨리 8세의 유일한 정실 아들
에드워드 6세.
그는 개신교 군주가 자신의 뒤를
잇기를 원했지만, 결국 왕위는
가톨릭 신자 매리 1세에게 넘어갔다.

한 가톨릭 신자라는 배경이 자리합니다(물론 또 다른 다양한 정치적 맥락도 있습니다). 헨리 8세의 선택이 나라 전체를 끝없이 흔든 셈이지요.

서울에서 느낄 수 있는
헨리 8세의 향기

오늘날까지 헨리 8세는 수많은 이야기꾼의 영감이 됩니다. 군주의 뜨거운 사랑은 어디서나 주목받기 마련입니다. 우리나라에서는 '조선의 헨리 8세'로 불리는 숙종이 인현왕후, 장희빈과 얽힌 삼각관계가 여전히 미디어에서 재생산되고 있지요. 우리는 재미있게 그들의 이야기를 소비하지만 당시 시민들은 왕족들의 욕망이 불러온 나비효과로 거친 풍파를 견뎌내야 했을 것입니다. 가까이에서 보면 비극이지만, 멀리서 보면 희극인 것은 인생이나 역사나 마찬가지인가 봅니다.

서울시청 근처를 걷다 보면, 성공회 서울주교좌성당이 눈에 확 들어옵니다. 대한민국에서는 아름답기로 손꼽히는 건물이지요. 성당 주변으로 온화한 기운이 감돕니다. 한반도에까지 둥지를 튼 저 아름다운 성당을 보며 생각합니다. 이 성당의 시작은 한 사내의 여성을 향한 욕망이었을까요, 왕조를 지키기 위한 왕의 처절한 몸부림이었을까요?

23

성매매 업소에서 살았던 화가
앙리 드 툴루즈로트레크

***

◇ 19세기 프랑스 탈인상주의 화가 로트레크는 왜소증을 앓고 있었다. 부모가 사촌지간인 근친혼의 결과였다.

◇ 운동을 좋아했던 로트레크는 낙상 사고 이후 그림에만 열중했다.

◇ 로트레크는 몽마르트르에서 무희들과 매춘부들의 일상을 그려 사물을 냉철하게 담아냈다는 평가를 받았다.

◇ 어머니 아델은 로트레크의 재능을 응원하고, 일탈도 감싸 안았다. 로트레크는 그녀를 평생 사랑했다.

왜소증 화가
성매매 업소에서 명작을 그리다

포주는 놀랄 수밖에 없었습니다. 고요한 밤 성매매 업소를 찾아온 한 남자. 키가 150센티미터밖에 안 되어 보였기 때문입니다. 혹시 어린아이가 찾아왔나 했지만, 얼굴엔 수염이 덥수룩했지요. 옷차림도 말끔했고요. '난쟁이구먼.' 내쫓을까 하는 생각도 잠시, '얼마나 외로웠으면…' 하는 약간의 동정심이 일었습니다. "들어오시오."

그는 시도 때도 없이 매음굴을 찾았습니다. 온천에서 휴양하듯 11개월이나 처박혀 있는 때도 많았지요. '이런 미친놈을 봤나'라고 생각하며 찾아간 방. 그곳은 온통 물감 냄새가 진동합니다. 방 모퉁이에는 열정적으로 그림을 그리고 있는 사내가 있었지요. 왜소증을 앓던 화가 앙리

드 툴루즈로트레크였습니다. 프랑스 탈인상주의 화가 중 대표주자로 뽑힌 그에 대해 알아봅니다.

작은 보석으로 불린
예쁜 아이

로트레크는 1864년 귀족 집안의 아이로 태어났습니다. 아버지 알퐁스와 어머니 아델의 사이에서였습니다. 엉뚱하지만 호탕한 성격의 아버지와 아름답고 자상하며 총명한 어머니의 사랑을 받으며 자라났지요.

● 장난기 많은 소년 로트레크는
  장애를 가진 뒤에도 특유의 낙천적인
  성격으로 활동적으로 살았다.
  일본 전통 복장을 하고 우스꽝스러운
  자세를 취하고 있는 로트레크.
  사진작가 모리스 기베르의 1892년 작품.

분명 기품 있고 사랑스러운 아이였습니다. 뚜렷한 이목구비에 다재다능했기에 '작은 보석'이라고 불렸지요. 사냥과 스포츠를 좋아했고, 그림을 그리며 소설을 쓰기도 했습니다. 물질문명이 발달하던 시기, 더없이 유복한 가정에서 자란 로트레크는 모두가 부러워하는 귀공자였지요. 1878년까지는요.

그해 5월 프랑스 남부 알비에 있는 보스크 성에서였습니다. 그는 의자에서 발을 헛디뎌 사고를 당합니다. 오른쪽 다리 골절상이었습니다. 회복은 더뎠습니다. 이듬해 요양차 찾아간 피레네산맥 인근 온천에서 왼쪽 다리까지 골절상을 입었지요. 그때부터 그의 키는 더 이상 자라지 않았습니다.

그의 장애에는 출생의 비밀이 숨어 있습니다. 부모가 사촌지간이었기 때문입니다. 근친혼이었지요. 뼈가 약하고 부러지면 잘 자라지 않는 농축이골증이라는 유전병이 로트레크의 몸 안에 숨어 있었던 것입니다. 그의 키는 152센티미터에서 멈춰버립니다. '작은 보석'이라는 상찬은 '작은 신사'라는 일종의 조롱 섞인 별명으로 바뀌었지요.

불현듯 찾아온 장애
예술의 열정으로 불태우다

"이제 그림에만 전념하겠어요"
그토록 좋아하는 사냥, 승마를 다시 할 수 없는 몸이 되어버린 로트레크. 그는 좌절하지 않았습니다. 자신이 좋아하는 그림은 아직 그릴 수 있다는 사실에서 위안을 찾아서입니다. 조금은 낙천적이고 방탕한 기질도 도움이 됐을지도 모릅니다.

사고를 당한 1878년부터 3년 동안 그는 수백 장의 소묘를 그렸습니다. 이후 그는 자신의 취향을 더욱 자유롭게 발전시키고자 파리로 떠납니다. 1882년 3월, 로트레크의 나이 열여덟 살이었습니다. 미술사가들은 "툴루즈로트레크 가문은 장애아를 얻었지만, 미술계는 위대한 화가를 얻었다"는 잔인한 명언을 남깁니다.

그는 화가 르네 프랭스토 밑에서 그림을 공부합니다. 이 시기 그는 파리 서커스장을 방문해 말을 자주 그렸지요. 그가 어릴 때부터 즐겨하던 승마에 대한 그리움이 남아 있었기 때문입니다. 이후 레옹 보나의 문하로 들어갔다가, 페르낭 코르몽의 아틀리에로 자리를 옮겼지요.

반 고흐와
드가의 만남

파리에서 그는 세 명의 선생을 만났으나 별로 배운 것이 없었습니다. 대신 내로라하는 친구들을 만났지요. 빈센트 반 고흐와 에드가 드가였습니다. 향락적이고 사교적인 로트레크는 자신과 정반대로 매사에 진지하고 이상주의적인 고흐를 예술가로도 인간적으로도 좋아했지요.

특히 드가는 로트레크와 참 많이 닮은 화가였습니다. 둘의 관심사만 봐도 그렇습니다. 그들의 시선은 자연보다 인간을 향했습니다. 춤과 경마, 서커스에서 뿜어져 나오는 역동성에 매료됐고, 이를 화폭에 자주 옮겼지요.

로트레크는 더 많이 교류하고자 작업실을 드가와 이웃한 곳에 새로

옮겼습니다. 환락과 유흥의 중심지, 몽마르트르였지요. 로트레크는 이곳
에서 예술의 새로운 지평을 열어갑니다.

향락의 도시 몽마르트르에서
불태운 예술혼

1884년 몽마르트르로 이사를 오기 전까지 로트레크는 사람을 사실적으
로 그리는 화가였습니다. 하지만 화려한 조명의 몽마르트르 영향 때문인
지 그의 작품은 개성 있고 힘이 넘치기 시작했지요. 당시 몽마르트르에
는 새로운 형식의 카페, 댄스홀, 카바레 등이 생겨나고 있었거든요. 그는

어느새 몽마르트르가 풍기는 분위기에 매료됩니다. 이를 자신의 새로운 예술의 영감으로 삼았지요.

로트레크는 몽마르트르를 썩 좋아했습니다. 겉으로 화려한 몽마르트르 무희들에게서 그는 자신을 발견했기 때문입니다. 번드르르한 겉모습 뒤로 가난한 삶을 살아간 몽마르트르의 무희, 귀족 집안의 장애인으로 가족에게서 감춰져야 했던 로트레크. 다른 존재였지만 같은 아픔을 품고 있던 셈이지요.

라 굴뤼, 잔 아브릴, 발라동과 같은 당대 최고의 무희들이 그의 뮤즈였습니다. 재빨리 움직이는 이들의 몸짓을 그는 재빨리 포착해 작품으로 남겼지요. 역동적으로 뛰는 무희들에게서 움직임이 자유롭지 않은 그가 어쩌면 위안받았을지도 모르는 일입니다.

그는 몽마르트르의 가난한 서민들의 심정을 자기 것으로 삼았습니다. 서커스 단원들, 뚜쟁이, 타락한 자 등 소외된 사람들이 그의 모델이었습니다. "모든 사람을 올려다봐야 했던 남자"인 로트레크는 몽마르트르의 화가로 이름을 알리지요.

매춘부의 일상을 담은
로트레크

그의 작품에 수많은 영감을 주었던 또 다른 존재는 성매매 여성들이었습니다. 그는 매춘부를 소재로 그린 석판화집을 만드는 데 심혈을 기울였지요. 짧게는 며칠에서 길게는 11개월이나 매음굴에서 나오지 않았습니다. 성매매 여성들은 그의 뮤즈이자 조언자 정부이자 절친한 모델이었

• 물랭루주에서 두 여인이 왈츠를 추는 모습을 담은 그림(1892년).

지요.

　　"모델은 박제 같다. 하지만 창녀들은 살아 숨 쉰다. 난 창녀의 집에 있을 때 가
　　장 편안함을 느낀다."_앙리 드 툴루즈로트레크

　　당시 화가들이 창녀를 그리는 방식은 두 가지였습니다. 음란하거나
혐오스럽거나. 로트레크는 이 같은 방식을 거부합니다. 그는 사실을 있
는 그대로 그리는 화가였지요. 창부들을 추하다고 여기지도 않았고, 그
렇다고 미화하거나 이상화하지도 않았습니다. 우리와 같은 인간으로 봤
던 것입니다. 스타킹을 올리는 여인, 홀로 있는 여인과 같은 매춘부들을
한 인간으로 재현하지요.

　　동정하려는 연민의 정 같은 것도 일절 없었습니다. 손님과 자는 모
습, 성병 검진을 받는 모습, 속옷을 벗는 모습, 동성애를 하는 장면까지
도 꾸밈이 없었고요. 모든 일상의 것을 그대로 담아냅니다. '미화'와 '악
마화'의 가면을 모두 벗겨서 본질을 드러낸 것이지요.

　　진실한 관찰은 자신에게도 적용됐기에, 그는 불구의 다리와 짙
은 수염이 덮인 목을 묘사하는 데에도 거리낌이 없었습니다. 그의 그림
이 "날조된 것이 하나도 없다"는 극찬을 받는 배경입니다. 미술사가들
은 "그가 산 일생과 그의 예술은 어떤 모순도, 어떤 간격도 없다"고 평합
니다.

　　어쩌면 장애인인 자신을 있는 그대로 봐주는 사람을 갈망했기 때문
인지도 모르겠습니다. 자신의 몸에 경멸의 눈길을 보내는 사람, 반대로
동정의 눈길을 보내는 사람들. 모두가 장애인에 대한 편견 어린 시선으
로 가득하지요. 그가 있는 그대로 묘사하는 데 천착한 이유가 아니었을

• 스튜디오에서 누드모델과 함께 사진을 찍은 1895년의 로트레크.

• 침대에서 키스하는 성매매 여성을 그린 로트레크의 작품.

까요.

몽마르트르에서 그린 로트레크의 포스터와 판화는 예술의 역사에서도 기념비적인 위치를 차지합니다. 새로운 석판화의 전통을 기초로 색채감각을 버무려 상업미술의 새 지평을 열었기 때문입니다. 에드바르 뭉크와 같은 화가들에게 영향을 주면서 20세기 예술의 출발점을 제시했다는 평이 나오는 것도 이래서입니다.

로트레크의 영원한 지지자
어머니

성공과는 별개로 가족들은 몽마르트르에 빠져든 로트레크를 걱정하기 시작했습니다. 아버지 알퐁스는 "저런 자식 필요 없다"면서 의절을 선언하기에 이르렀지요. 어머니 아델 역시 화가라는 직업을 걱정스러워했지만, 그를 이해하고자 애썼습니다.

자신의 아픔을 그림으로 승화하려는 아들을 애정 어린 시선으로 바라봤던 것이지요. 어머니는 로트레크에게 자주 편지를 씁니다. 머리말에는 애정이 물씬 묻

• 로트레크가 그린 어머니 아델.
  그는 다양한 구도로 어머니를 그렸다.
  그림 속에서는 그녀의 기품과 슬픔이
  동시에 느껴진다. 1883년 작품.

어나지요. "우리 미래의 미켈란젤로에게."

로트레크에게 어머니는 있는 그대로의 자신을 바라봐주는 유일한 존재였습니다. 그의 작품에서 어머니의 초상화를 여럿 볼 수 있는 이유지요. 정원 벤치에 앉아서 쉬고 있는 모습, 온실 한구석에서 어딘가를 응시하는 모습, 방에서 홀로 독서하는 모습. 다양한 각도에서 그는 어머니를 그려냅니다.

매춘과 음주로
망가져가는 로트레크

로트레크는 서서히 망가져갔습니다. 잦은 매춘과 알코올 중독으로 사달이 난 것입니다. 1897년부터는 병원에 수시로 들어가야 하는 수준에 이르렀습니다. 어머니는 로트레크의 친구 뷔오를 시켜 술을 못 마시게 감시했지만, 그는 기어이 지팡이에 럼주를 숨겨 몰래 마셨지요. 그리고 1901년 그의 다리가 움직이지 않습니다. 손에서는 경련이 일어났습니다. 죽음이 그를 찾아왔음을 직감합니다.

그는 마지막 한 사람만을 원했습니다. 어머니 아델이었습니다. 152센티미터의 작은 몸뚱이마저 사랑해주는 유일한 존재. 1901년 9월 9일, 따뜻한 햇살이 내리쬐는 오후 2시. 그가 36세의 나이로 눈을 감았습니다. 그토록 바라던 어머니의 품이었습니다.

작은 몸뚱이 위로 어머니의 눈물이 떨어집니다. 어머니에게 그는 위대한 화가도, 난쟁이도 아니었습니다. 매독에 걸린 난봉꾼도, 알코올 중독자는 더더욱 아니었지요. 요람에서 엄마를 보며 환하게 미소 짓던

천사 같은 아이 그대로였습니다. '작은 보석'이었습니다.

로트레크의 작품에
생명을 불어넣은 어머니 아델

어머니는 그 이후로도 로트레크를 기리는 삶을 살았습니다. 데생 1000
여 점, 판화 440여 점, 수채화 275점, 유화 757점이 어머니 앞으로 남겨
집니다. 그녀는 파리 뤽상부르 미술관에 기부의 뜻을 전했지요. 그의 작
품이 영원한 생명을 얻기를 그녀는 바랐습니다. 하지만 미술관은 거부합
니다. 보수적인 성향인 탓에 그의 작품을 받아들일 수 없었던 것입니다.

명작은 돌고 돌아 고향인 알비 미술관에 전시됩니다. 어머니 아델은 여기에 기부금을 더했지요. 이 미술관은 이후부터 툴루즈로트레크 미술관으로 불리게 됩니다. 1913년 어머니 아델도 눈을 감습니다. 그토록 사랑한 '작은 보석'이 잠든 곳과 가까운 곳이었습니다.

　　4월 20일은 장애인의 날입니다. 위대했던 화가 로트레크, 그보다 더 위대한 어머니 아델을 기억합니다. 이 땅의 모든 장애인과 그들의 위대한 부모님께도 작은 경의를 표하면서.

24

인류를 구한 영웅은 동성애자?
앨런 튜링

✳✳✳

◇ 앨런 튜링은 제2차 세계대전 중 독일 나치의 암호를 해독해 종전을 2년이나 앞당겼다. 그가 구한 생명은 1400만 명에 달한다.

◇ 그는 전후에 컴퓨터공학으로 인공지능의 초석을 놓은 인물로 평가받는다.

◇ 1951년 스무 살가량 연하의 남성과 동성애를 했다는 이유로 화학적 거세를 받았다. 2년이 지난 후 그는 자살을 선택했다.

◇ 2014년 엘리자베스 2세 여왕은 그를 공식적으로 사면했다. 이후 영국 정부는 처벌받은 동성애자를 모두 사면하는 조치를 취한다. 사랑에는 죄가 없다는 공식적인 인정이었다.

세상을 구한 그는
동성애자라는 이유로
화학적 거세를 당했다

"감옥에 가겠습니까, 호르몬 치료를 받겠습니까?"

30대 후반인 이 남성의 눈가가 미세하게 파르르 떨렸습니다. 제법 미남인 얼굴이 심하게 일그러졌지요. 사법 당국으로부터 받은 제안에 굴욕감을 느껴서였습니다. 스무 살 연하의 젊은 남자와 음란한 행위를 하다 발각된 후 수사를 받는 상황.

그가 살았던 1950년대 영국은 보수적인 곳이었기에, 동성애는 엄연히 처벌의 대상이었습니다. 자괴감을 느끼는 그에게 당국은 두 가지 옵션을 건넵니다. 감옥에 가거나, 화학적 거세를 하거나.

호르몬 치료에는 부작용이 있었습니다. 여성처럼 가슴이 나오는 신체적 변화가 따랐기 때문입니다. 굴욕감은 상상을 초월하는 것이었습니다. 조롱은 불 보듯 뻔했지요. 당대의 유명한 석학인 그에게 향할 따가운 눈초리도 예상하기 어렵지 않았습니다. 그가 감옥행을 결정할 것이라고 사람들은 생각했습니다. 하지만 그는 당당히 선언했지요. "호르몬 치료를 받겠습니다."

● 1936년 24살의 앨런 튜링.

성적인 즐거움보다 지적인 유희를 포기할 수 없어서였습니다. 제2차 세계대전이 끝난 뒤 그는 컴퓨터용 체스 프로그램을 만들기도 했고, 1951년에는 수리생물학에 관심을 두기도 했지요. 감옥에서는 그가 가장 사랑하는 학문을 계속할 수 없었습니다. 학문을 위해 '거세'를 선택했다는 점에서, 그는 『사기』를 쓴 사마천을 떠오르게 합니다.

2년 뒤 그는 청산가리가 든 사과를 먹고 생을 마감합니다. 제2차 세계대전의 영웅이자 컴퓨터의 아버지, 동성애자이자 화학적 거세를 받은 자, 수많은 별칭이 그의 이름에 따라붙습니다. 앨런 튜링의 이야기입니다.

앨런 튜링에게
사랑이 찾아오다

앨런 튜링은 영국 런던의 마이다 베일에서 1912년 태어났습니다. 귀족인 남작 가문이었기에 넉넉한 환경에서 학문에 집중할 수 있는 유년 시절을 보냈지요. 그는 아주 어린 시절부터 천재의 조짐을 보였습니다. 15세에는 배우지 않은 상태에서 미적분을 척척 풀어낼 정도였지요.

천재 소년에게 잊지 못할 우정이 찾아왔습니다. 같은 학교 남학생 크리스토퍼 모르콤이었지요. 둘은 과학과 수학을 공통분모로 가까워집니다. 방과 후에는 서로의 집에 방문해 여가도 함께 보냈지요.

튜링은 그에게서 모호한 감정을 느끼기 시작합니다. 우정을 넘어서는 애정이었지요. 하지만 얄궂게도 1930년 2월 어느 날, 모르콤이 보이지 않았습니다. 선생님은 어두운 표정으로 말합니다. "모르콤은 주님의 곁으로 갔어." 세균성 질병에 걸린 것이었습니다.

튜링은 슬픔에 빠져듭니다. 모르콤이 그의 마음속에 크게 자리 잡았기 때문입니다. 친구를 잃은 것을 넘어서는 상실감이었겠지요. 튜링은 모르콤의 엄마와 연락하면서 그리움을 달래 나갔습니다. 그의 편지가 여전히 전해지지요.

"(모르콤처럼) 훌륭하면서 매력적이고 자만하지 않는 동반자를 어디에서 찾을 수 있을까요."

앨런 튜링의 전기를 쓴 학자들은 그의 성적 지향이 이때 형성됐을 것이라 추정합니다.

첫사랑을 잃은 뒤
국가의 부름을 받은 튜링

때로 시련은 삶의 동력이 되는지도 모르겠습니다. 모르콤을 잃은 후 그는 더욱더 학문에 정진합니다. 케임브리지대학교 킹스칼리지에서 최우수 성적으로 졸업했습니다.

　1937년 1월에는 「튜링의 증명」을 발표하지요. 현대 컴퓨터의 중심 개념이 담긴 논문이었습니다. 그를 컴퓨터의 아버지라고 부르는 이유가 여기에 있습니다. 모르콤이 세상을 떠난 지 정확히 7년 후, 그는 새로운 학문의 세계를 열어갔지요.

© Antoine Taveneaux

• 2차 세계대전 당시
　암호 해독 시설이 자리한
　영국 브레츨리 공원에는
　앨런 튜링의 슬레이트 상이
　자리하고 있다.

"독일의 암호를 풀어라"

시대는 영웅을 호명하는 법입니다. 제2차 세계대전의 전운이 감도는 영국에서는 더욱 그러했지요. 1938년 9월부터 영국 정부 산하의 암호해독 기관 GC&CS에서 근무합니다. 나치 독일의 암호를 해독하는 중차대한 일이었지요. 당대의 천재였던 튜링이 이 자리에 앉게 되는 건 당연한 수순이었습니다.

1939년 7월 나치 독일의 움직임이 심상치 않았습니다. 폴란드 침공을 계획하고 있다는 소식이 왕왕 들렸기 때문입니다. 암호해독의 중요성이 어느 때보다 중요해진 순간이었지요. 결국 그해 9월 1일 나치 독일이 폴란드를 침공합니다. 유럽의 모든 이가 나치와 싸워야 했습니다. 군인은 전장에서, 노동자는 공장에서, 과학자들은 연구실에서요. 튜링의 자리는 당연히 연구실이었습니다.

과학자들은 최첨단 과학을 활용해 적의 공격 계획을 미리 알아야만 했습니다. 나치 독일은 에니그마라는 암호 기계를 통해 지휘 명령체계를 갖추고 있었지요. 에니그마 해독에 수십만 병사의 목숨이 달려 있던 셈이었습니다.

앨런 튜링의 존재감은 컸습니다. 독일 해군의 암호해독에 애를 먹던 때 반부리스무스banburismus라는 개념을 도입해 돌파구를 찾은 것이었지요. 동료 암호학자 휴 알렉산더는 "없어서는 안 될 존재가 바로 튜링"이라고 말했을 정도입니다. 튜링이 이끄는 사단의 암호해독으로 제2차 세계대전은 2년가량 단축된 것으로 분석됩니다. 1400만 명 이상의 삶이 전쟁터에서 스러지지 않게 됐지요.

영화 〈이미테이션 게임〉에서처럼 그가 모든 것을 혼자 개발하지는 않았습니다. 에니그마 해독의 필수적인 기계 '봄베'가 폴란드 암호국이 보유한 기존 제품 '봄바'를 기반으로 만들어져서입니다. 이미 위대한 과학자들이 일궈낸 성과에 자신만의 해석을 더해 진보를 끌어낸 것이었지요. 튜링을 조력했던 수많은 인재도 함께했음은 물론입니다. 영화에서는 튜링을 외골수로 그렸지만, 실제의 튜링은 사람들과 농담을 즐기며 사교적인 인물이었지요. 64킬로미터를 달릴 정도로 스포츠광이기도 했습니다.

인공지능의 가능성을 연
앨런 튜링

"기계도 사람처럼 생각할 수 있을까?"

전쟁은 때로 모든 것을 파괴하지만, 가끔은 창조의 어머니가 되기도 합니다. 튜링은 전후 그가 암호를 해독하면서 쌓은 지식으로 최초의 컴퓨터 엔진인 'ACE'를 설계합니다. 그는 이를 완벽히 구현할 지식을 갖추고 있었지만, 이를 대중에 공개할 수 없었습니다. 국가 안보와 관련된 정보를 보호하는 '공식비밀법OSA'이 그의 발목을 잡은 것이지요. 환멸을 느낀 그가 연구소인 국립물립연구소LNP를 떠난 배경이었습니다.

1948년 튜링은 새로 둥지를 튼 맨체스터빅토리아대학교 수학과에서도 또 다른 혁신을 불러왔습니다. 논문 「컴퓨팅 기계와 지능Computing Machinery and Intelligence」을 발표하면서였습니다. 인공지능형 기계의 표준을 정하는 '튜링 테스트'를 공개한 것이었지요. 현시대가 열광하는 인공지능 서비스인 챗GPT 역시 앨런 튜링이 지평을 열었기에 가능했던 셈이지요.

전쟁의 영웅, 그러나
국가는 그를 벌했다

그러나 그를 담기에는 시대의 그릇이 너무나 작았습니다. 특히 그의 성적 지향은 사회의 보수성과 불화했지요. 튜링은 욕망하는 존재였습니다. 1951년 크리스마스 즈음이었습니다. 영국 맨체스터 옥스퍼드 로드에서 시간을 보내던 튜링은 열아홉 살 청년 아놀드 머레이를 만났지요. 둘은 어느덧 연인이 됐습니다.

　한 달 후 튜링의 집에 강도가 듭니다. 머레이의 친구 소행이었음이 밝혀집니다. 경찰 조사 과정에서 튜링과 머레이의 관계가 드러납니다. 사법 당국은 두 사람을 형법 규정에 따라 기소했지요. 당시 동성연애는 중대한 불법이었습니다.

　집행유예를 받았지만 화학적 거세를 받아들이는 조건이었습니다. 그에게 학문은 포기할 수 없는 것 그 자체였기 때문입니다. 그는 의연히 말했지요. "의심할 여지 없이 저는 완전히 다른 사람이 될 테지요, 제가 한 번도 발견하지 못한 사람으로요."

　화학적 거세 조치를 받고 2년이 갓 지난 때였습니다. 1954년 6월 그가 집안에서 쓰러진 채 발견됩니다. 옆에는 한 입 베어 문 사과가 덩그러니 떨어져 있었지요. 그 안에는 독극물인 청산가리가 있었습니다. 앨런 튜링은 자신이 가장 좋아한 동화로『백설공주와 일곱 난쟁이』를 꼽았습니다.

　　냉철하게 세상을 인식해온 과학자로서 인생의 마지막 순간만큼은 동화처럼 마무리 짓고 싶었던 것이었을까요. 너무나 황망한 죽음. 이 때문에 그가 자살이 아닌 사고사를 당했다는 주장도 이따금 나왔습니다. 화학적 거세 이후에도 그가 (영화의 묘사와는 달리) 유머와 웃음을 잃지 않았기에 사고사에 힘이 실렸지요.(애플의 로고가 여기서 영감을 얻었다는 얘기도 있었지만, 애플은 공식적으로 이를 부인했습니다.)

세상은 변했고, 시민들은
튜링을 다시 호명했다

　　튜링 앨런은 1400만명의 삶을 구한 위대한 과학자였습니다. 영국 사회는 그를 동성애자로 몰아세우며 죽음으로 이끌었습니다. 앨런 튜링이라는 삶의 촛불이 더 은은히 이어졌다면, 세계는 또 한 단계 변혁의 순간을 맞았을지도 모릅니다.

　　하지만 죽음도 그의 스토리를 끝낼 순 없었습니다. 2009년 8월 영국의 프로그래머 존 그레이엄커밍이 공식적으로 영국 정부에 요청합니다. "튜링을 동성애자로 기소한 것을 사과하라." 3만 명에 달하는 시민들의 서명이 이어졌습니다.

당시 총리 존 브라운은 한 달 만에 "그에게 행했던 처우가 끔찍하다"는 성명을 발표했지요. 2014년 8월 여왕 엘리자베스 2세는 그의 사면을 공식적으로 선언합니다. 그가 사망한 지 정확히 60년이 되던 해였습니다.

영국 정부는 한 발짝 더 나아갔습니다. 동성애로 처벌받은 모든 남성에 대해 소급 면책을 확대하겠다고 발표합니다. '앨런 튜링 법'이었습니다. 진심 어린 사과는 때로 그 나라의 품격을 보여줍니다.

5월 17일은 국제 성소수자 혐오 반대의 날입니다. 기억을 천천히 돌아봅니다. 동성을 사랑한다는 이유로 누군가를 혐오한 적이 있었는가를요. 한두 차례 정도 부끄러운 과거가 떠오릅니다. 손가락질했던 그 사람은 위대한 과학자일 수도, 걸출한 예술가일 수도, 인류의 삶을 획기적으로 개선할 리더의 자질을 갖춘 사람일 수도 있었겠지요.

설령 대단한 인물이 아닐지라도 하나만은 분명합니다. 그가 누군가를 사랑하고, 누군가에게 사랑받는 인물이라는 것. 비록 그 대상이 동성일지라도, 혐오를 받지 않을 자격으로 충분한 이유입니다.

25

남편 친구와 누드 사진을 찍은 소설가
마리 드 레니에

✳✳✳

◇ 19세기 프랑스 유명 작가인 앙리와 마리, 피에르는 삼각관계였다.

◇ 마리는 집안 사정으로 앙리와 결혼하지만, 이후 피에르와 불륜 관계
  에 빠졌다. 피에르와 누드 사진도 여럿 남겼다.

◇ 마리는 여동생과 피에르를 결혼시켰다. 자연스럽게(?) 피에르와 만나
  고 싶어서였다. 그와 헤어진 이후에도 여러 남자와 바람을 피웠다.

◇ 당대 프랑스 문예사조와 작가들의 삶은 외설적이라는 측면에서 닮아
  있다.

남편의 친구와 누드 사진을 찍은
프랑스 문인 마리 드 레니에

"이 사진… 도대체 뭐야?"

눈을 의심할 수밖에 없었습니다. 사랑하는 아내의 서랍에서 그녀의 나체 사진이 나왔기 때문입니다. 사진 속 얼굴을 보아하니 먼 과거가 아닌 최근의 일. 남편인 그는 당연히 찍어준 적이 없었지요. 그녀는 꽤나 능숙하게 포즈를 취하고 있었습니다. 음모陰毛를 훤히 드러내고도 의연한 표정이었으니까요. 분명 한두 번 해본 솜씨가 아니었습니다. 촬영 이후 사진작가와 잠자리를 했을 것이라는 생각에까지 미치자, 남편의 초조함은 극에 달했지요.

외면하고 싶었지만 그는 진실을 알아야 했습니다. 외출을 나가는 아내의 뒤를 몰래 밟기로 결심했지요. 발걸음이 경쾌한 그녀는 그놈의 집으로 향하는 것이 확실해 보였습니다. 그런데 어쩐지 익숙한 집의 문을 두들깁니다. 한 남자가 문을 열었습니다. 이게 웬걸, 그 놈은 그의 가장 친한 친구였습니다.

환한 표정의 친구는 그녀와 포옹을 나눕니다. 그리고 집에 함께 들어갑니다. 둘의 표정은 너무나 밝았습니다. 마치 오랜 연인처럼요. 프랑스 문단을 뒤흔든 마리 드 레니에와 피에르 루이스의 불륜 이야기입니다. 오쟁이 진 남편의 이름은 앙리 드 레니에. 세 사람 모두 20세기 말 프랑스를 대표하는 문학인이었습니다.

금녀의 영역에서
재능을 발휘한 마리

남편을 두고 바람을 피운 여자, 마리 드 레니에의 이야기부터 들어봅니다. 마리는 유명한 시인 호세마리아 데 에레디아의 딸이었습니다. 1875년 12월 파리에서 태어난 마리는 내로라하는 예술가들과 대화를 나누는 아버지를 보며 자랐지요. 아버지인 호세 역시 생각이 열려 있는 사람이었기에, 딸 마리가 당당한 여성으로 자라기를 바랐습니다.

마리는 세상에 순응하지 않은 여성이었습니다. 금녀의 영역이던 프랑스 문학계에 당당히 도전장을 내기도 했었지요. 물론 자신이 여성이라는 걸 밝히지 않은 채였지만, 그녀는 "여자도 남자만큼 훌륭한 글을 쓸 수 있다"고 목소리를 냈습니다. 그녀의 부모는 그녀를 언제나 응원했습니다.

문학소녀에게 사랑이 찾아옵니다. 시인 피에르 루이스였습니다. 바람기가 덕지덕지 묻은 얼굴이었지만, 유머와 재치로 무장한 덕분에 사랑하지 않을 수 없는 사람이었지요.

하지만 운명은 얄궂게도 그와의 사랑을 방해했습니다. 집안에서 그녀의 결혼 상대로 피에르의 절친인 앙리 드 레니에를 점찍었기 때문입니다. 쿠바 출신인 아버지 호세는 1868년 쿠바 봉기로 재산을 모두 잃어 재정이 어려운 상황이었습니다. 앙리는 마리의 집안을 구해줄 재력이 있었지요. 마리는 피에르를 더 사랑했지만, 집안은 그녀의 마음을 고려할 수 없었습니다.

● 19세기 프랑스에서
  문인으로 성공한
  마리 드 레니에.

결혼 이후에도 삼각관계는
끝나지 않았다

"피에르 미안하네. 나도 마리를 사랑하네."

    피에르에게 절친 앙리로부터 서신이 도착합니다. 마리와 앙리가 약혼을 올린다는 내용입니다. 1895년의 일입니다. 피에르에게 파리는 배신의 도시로 각인됩니다. 새로운 공기가 필요한 시기, 그는 훌쩍 알제리로 떠나버립니다. 마리는 그가 프랑스를 떠난다는 소식에 마음이 아팠지만, 그녀가 할 수 있는 건 없었습니다.

• 친구의 아내와 바람을 피운 피에르 루이스.
1890년대의 모습이다.

• 마리와 앙리가 함께 찍은 사진.

"피에르가 돌아왔다고 하더군."

무료한 결혼 생활이 지속되던 어느 날이었습니다. 남편 앙리가 피에르의 귀국 소식을 전합니다. 마리의 표정이 미묘하게 흔들립니다. 결혼 생활 2년, 그녀는 전혀 행복감을 못 느낀 터였습니다. 열정은 고사하고, 일말의 의리조차 남아 있지 않은 상황이었습니다. 그녀는 상상하고는 했습니다. '앙리의 자리에 피에르가 있었으면 어땠을까'라고요. 그런데 그녀의 상상이 현실이 된 것이었습니다.

피에르의
누드모델이 된 마리

무언가에 홀린 듯 어느 집 앞에 섰습니다. 피에르의 거처였습니다. "똑똑." "누구세요?" 누군가의 목소리가 들립니다. 분명히 여성의 것이었습니다. 까무잡잡한 피부에 관능적인 여성이 문을 엽니다. "피에르는 지금 바쁜데요." 피에르가 알제리에서 애인을 만들어 귀국한 것이었습니다. 바람둥이 기질은 어딜 가도 변하지 않았지요.

마리는 애써 태연한 척 그녀를 무시하며 집 안으로 들어갑니다. 오랜 시간 그리워하던 피에르가 보였습니다. 알제리의 태양에 피부가 다소 그을린 것을 제외하면, 재치 있고 생기 넘치던 그 모습 그대로였지요.

처음에는 대화만 하려던 요량이었습니다. 그런데 계획과 달리 마리의 마음이 흔들렸지요. 그가 특유의 미소를 지으며 입술을 가져다 대자 몸이 반응합니다. 결국 잠자리까지 이어졌지요. 앙리와는 처음부터 잘못된 결혼이었고, 이제야 모든 것이 원상 복구된 것이라고 그녀는 생각했습니다.

마리는 그의 정부가 되었습니다.
사진찍기가 취미인 그를 위해서 누드
모델도 마다하지 않았지요. 나체 사진
도 여럿 찍었습니다. 관계하고, 찍고,
다시 관계하기를 여러 차례. 행복과
정열이 뒤섞여 땀방울로 맺혔습니다.
그가 알제리 여인을 비롯해 다른 여
인들의 사진도 찍는다는 걸 알았지만,
마리는 별말을 하지 않았습니다. 행여
그가 떠날까 두려움이 앞섰기 때문이
었지요.

남편 앙리는 바보가 아니었습니
다. 아내인 마리의 얼굴에 어느 날부
터 묘한 행복감이 비치는 것을 알아챘

● 피에르가 찍은
마리 드 레니에의 누드 사진.
마리는 유부녀였지만
이를 전혀 개의치 않았다.

지요. 물론 그 행복의 근원이 자신에게 있지 않다는 것을 그는 확신했습
니다. 그리고 그녀가 집을 비운 사이 방 서랍에서 그녀의 누드 사진을 발
견한 것이었습니다.

앙리는 왜
아내의 불륜을 용인했나

껍데기라도 잡고 싶은 남자의 헛된 욕심이었을까요, 이혼남이라는 비난

이 두려워서였을까요. 앙리는 놀랍게도 두 사람의 관계를 용인합니다. 심지어 두 사람 사이에서 아이가 태어났을 때도 이를 받아들였지요.

　아이의 성은 자신을 따라 레니에로 지었습니다. 이름은 피에르로 지었지요. 불륜남과 동명이었습니다. 이 아이가 태어난 이듬해인 1899년 앙리는 프랑스의 권위 있는 문학상인 비테트상을 받았습니다. 바람맞은 분노를 영감 삼아 문학으로 풀어낸 것이었을지.

　마리 역시 마찬가지였습니다. 방탕한 성생활은 역설적으로 문학적 자양분이 됐습니다. 자신의 경험을 토대로 쓴 『변덕쟁이L'inconstant』(1903년)가 대표작이었지요. 문학은 금녀의 영역이었기에 제라르 두빌이라는 가명을 썼지만, 작품의 인기는 선풍적이었습니다. 1918년 프랑스 아카데미 문학상 1위를 수상했을 정도였으니까요. 그녀는 이 상을 받은 최초의 여성 작가였습니다. 유명 작가 시도니 가브리엘 콜레트보다도 높은 순위에 있었던 글쟁이가 바로 마리였지요.

마리의 동생과
결혼한 피에르

마리와 피에르의 관계는 여기서 더 나아갑니다. 1899년 피에르가 결혼을 결정합니다. 신부는 (경악스럽게도) 마리의 여동생 루이즈. 마리는 여동생을 자신의 불륜 상대와 결혼시키는 만행을 저지른 것이었지요. 그녀는 피에르와 잠자리 후에 이야기합니다. "내 동생과 결혼하세요, 당신을 더 자연스럽게 마주칠 수 있도록요."

　피에르와 동생 루이즈의 관계는 오래가지 못했습니다. 둘은 이혼했

• 화가 자크 에밀 블랑쉬의 작업실에서 포즈를 취하고 있는 마리 드 레니에.

고, 피에르는 다른 사람과 재혼합니다. 이때 마리와 피에르의 관계도 끝난 듯이 보입니다. 불륜남이자 난봉꾼인 피에르는 1925년 고독 속에서 죽어간 것으로 전해집니다. 폐기종이 원인이었습니다.

마리는 수많은 남성과 또다시 염문을 뿌리고 다녔습니다. 소설가 에드몽 잘루, 이탈리아 귀족 가브리엘레 단눈치오, 극작가 앙리 베른스탱 등 당대의 유명인들이 그녀의 불륜 리스트에 이름을 올렸지요. 여러 여성들과의 관계도 개의치 않았다고 전해질 정도였습니다. 역시 남편인 앙리는 묵인하고 있었지요.

앙리는 마리와 피에르의 친아들을 자신의 자식으로 키우기도 했습니다. 아들 피에르는 친부의 피를 물려받은 덕분인지 삽화가로서 제법 성공을 거뒀으나, 경박스러운 성격에 파티와 술과 여자를 끼고 살았지요.

불륜, 동성애가 만연한
19세기 프랑스 예술계

현대의 시선으로도 경악할 만한 이야기입니다. 다만 당시 문예사조를 보면 이해가 안 가는 바는 아닙니다. 19세기 프랑스에서 유행한 퇴폐주의와 상징주의 작품들이 그들의 삶과 닮았기 때문이지요.

당시에는 미美 그 자체를 숭상하는 분위기가 지배적이었습니다. 퇴폐적이고 향락적인 심미주의가 문학에서 중요한 위치를 차지해야 한다는 일종의 선언이었지요. 청교도적인 근엄과 절제의 풍조에 반기를 든 셈이었습니다. 오랜 세월 기독교가 억압해온 성을 해방하는 문학이 번성하게 된 것이었지요. 동성애자로 유명한 아일랜드 작가 오스카 와일드

• 피에르는 여성 동성애를 묘사한 작품으로 명성을 얻었다.
그림은 영국 화가 시메온 솔로몬의
〈미틸레네 정원에 있는 사포와 에린나〉(1864년).
고대 그리스의 동성애를 다루었다.

역시 대표주자 중 한 명이었지요.

앙리와 마리, 피에르 세 사람 역시 상징주의 문학가로서 성적 자유를 강조하는 가치관을 공유하고 있었습니다. 실제로 피에르 루이스는 고대 그리스를 배경으로 레즈비언 섹슈얼리티를 묘사해 명성을 얻었지요. 고대 그리스 소녀의 동성애와 삶을 기록한 산문시 「빌리티스의 노래」 (1894년)였습니다. 프랑스 작곡가 클로드 드뷔시가 이 작품에 수록된 시를 피아노곡으로 각색하기도 했습니다. 창녀 생활을 묘사한 피에르의 『아프로디테』(1896년)는 35만 부나 팔렸습니다. 마리와 앙리의 작품 역시 비슷한 분위기를 풍겼지요.

예술가와 윤리의 문제

세 사람의 관계를 보며 예술가와 윤리의 관계를 다시 생각합니다. 어떤 이들은 이렇게 말합니다. "예술가에게 윤리로부터의 자유를 보장하라. 그들은 우리를 새로운 세계로 인도할 것이다."

대중의 생각은 좀 다르게 흘러가지요. "비윤리적 예술가들의 작품을 소비하는 것은 그들에게 면죄부를 주는 것과 같다"는 목소리입니다.

어려운 문제이지만, 평론의 세계에서는 전자가 우세합니다. 프랑스의 작가 아니 에르노는 자신의 불륜 경험을 담은 소설로 명성을 얻어 노벨상을 받기도 했지요. 그녀는 "자신이 경험하지 않은 것은 쓰지 않는다"는 집필의 원칙을 내세웁니다. 스웨덴한림원은 "개인적 기억의 집단적 구속을 발견한 용기와 예리함을 높이 평가한다"고 수상 배경을 설명했습니다.

우리나라의 한 유명 영화감독 역시 불륜의 멍에와는 별개로 해외 영화제에서 높은 평가를 받았습니다. 예술가의 사생활은 완전히 존중받아야 하는 것인지, 범인凡人인 저에게는 여전히 난해한 문제이지요. 그저 그들의 상상력을 날개 삼아 새로운 세계에 발을 디뎌볼 뿐입니다.

26

약에 취해 글 썼더니 명작
샤를 피에르 보들레르

✳✳✳

◇ 프랑스의 위대한 시인으로 통하는 보들레르는 약물에 찌들어 작품 활동을 이어갔다. '해시시 클럽'이었다.
◇ 클럽에 함께했던 수많은 예술가가 있었다. 뒤마, 위고, 발자크, 들라 크루아였다.
◇ 불운한 가정사 역시 보들레르의 우울한 예술의 원천이 됐다.
◇ 보들레르의 작품은 보이저 1호에서 우주를 유영 중이다. 외계인이 처음으로 만날 지구의 시라는 의미이다.

보들레르의 명작은
약에 취한 채 만든 작품

"혹시 이거 한번 피워보겠나? 기분이 좋아질 걸세."

시인은 잠시 머뭇거렸습니다. 친분이 있던 의사가 대뜸 이상한 약물을 건넨 직후였습니다. 의아한 표정을 짓는 그를 보며 의사는 빙그레웃습니다. "시가 안 써진다면서? 도움이 될 텐데."

마음이 흔들리기 시작합니다. 창작의 고통에 펜을 들었다 놓았다한 지 벌써 수개월째. 펜촉은 무거워질 대로 무거워져 있었지요. 휴지통에는 줄을 작작 그은 습작만 그득합니다. 명작(名作)을 쓸 수 있다면, 악마에게 영혼이라도 팔고 싶은 심정의 나날이 이어졌지요. 다시 그 의사의 집에 찾아갑니다.

"어서 오시게. 기다리고 있었네." 그는 마치 시인의 방문을 알고 있었다는 듯한 표정을 지었습니다. 시인을 한 방으로 안내했지요. 잠시 충격에 빠졌습니다. 당대의 예술가들이 취한 채로 널브러져 있었기 때문입니다. 이름도 유명한 '해시시 클럽'이었습니다.

그날부터 시인은 마약인 해시시를 끼고 살아갑니다. 집필할 때도, 작품을 완성할 때도 그 옆에는 항상 약물이 있었지요. 해시시 클럽의 일원이 되어서였습니다. 『악의 꽃Les Fleurs du mal』으로 유명한 샤를 피에르 보들레르의 이야기입니다.

마약에 빠진 예술가, 오늘날 신문 지면을 장식하는 키워드입니다. 비단 현재만의 이야기는 아닌가 봅니다. 보들레르와 해시시 클럽을 보며 든 생각입니다.

저주받은 시인의 표상
샤를 보들레르

보들레르는 우울한 예술가였습니다. 권태와 우울을 영감의 원천으로 삼아서였습니다. 특히 그는 전 세계가 선망하는 도시였던 19세기 파리에서 "밤보다 더 서글픈 검은 빛"을 발견한 이였지요.

파리는 예나 지금이나 낭만의 도시로 통하지만, 19세기에는 더욱 찬사를 받았습니다. 증기기관이 부른 교통혁명에 산업과 금융이 발달하면서 막대한 부가 쌓여갔기 때문이지요. 밤에도 빛이 꺼지지 않았습니다. 낮에는 카페, 밤에는 카바레에 사람들로 북적입니다. 인류는 영원히 진보하는 듯 보였습니다. 그야말로 찬란한 변혁이었습니다.

• 귀스타브 쿠르베가 그린 보들레르. 1848년 작품.

당대의 예술가들은 파리의 유쾌한 증언자가 되는 데 앞장섰습니다. 에두아르 마네, 클로드 모네, 에드가 드가 같은 화가들이 파리지앵들의 흥겨운 일상생활을 미학적 주제로 채택한 것만 봐도 그렇지요. 이 시대를 프랑스 역사상 가장 '아름다운 시절(벨 에포크)'로 부르는 이유입니다.

그러나 보들레르는 도시의 발달이 불러오는 혼돈을 민감하게 받아들이는 시인이었습니다. 그는 파리를 "탐욕과 절망이 들끓는 세계"라고 단언했지요. 보들레르의 눈에 파리지앵이란 유령처럼 걸어 다니는 행인이었고, 파리라는 도시는 악몽과도 같은 고통과 비애가 떠도는 곳이었습니다.

3
1
0

가장 유명한 작품인 『악의 꽃』에 수록한 시의 한 구절입니다. "하늘이 낮고 무겁게 짓누르며 토굴처럼 축축한 땅 위에 세워진 도시, 이곳은 밤보다 더 서글픈 검은 빛을 띤다."

• 카미유 피사로의 1897년 작품 〈파리의 몽마르트 대로〉.
대도시로 도약한 파리를 묘사한 작품으로 유명하다.

파리의 발전 속에서
개인의 불안을 포착하다

산업혁명의 장밋빛 장막을 걷어낸 보들레르의 표현은 거칠기 그지없습니다. "매연이 안개처럼 떠돌고 … 금속이 부딪치며 내는 소음들이 표류하는 세계, 이곳에선 희망이 파기돼 사라질 뿐이다."

　그런 파리에서 힘겨운 삶을 살아가는 사람들에게 보들레르는 "고통의 젖을 빠는 사람"들이라면서 연민의 눈길을 보냅니다. 그의 시적 표현을 '검은 수사학'이라고 부르는 이유였지요. 현대 사회에서 개인이 느끼는 불안함을 문학작품으로 승화시킨 셈입니다.

　현실의 부조리 속에서 인간은 탈주를 꿈꾸기 마련입니다. 예민한 감성의 예술가들은 더욱 그러했지요. 보들레르에게 도피처는 마약의 세계였습니다. 한 의사의 권유로 해시시 클럽에 가입했지요. 당시에는 대마초의 일종인 해시시의 위험성이 크게 알려지지 않았기에, 그는 이 약물에 의존하게 됩니다. 1840년대, 그의 나이 고작 20대 초중반인 시기였습니다. 그의 작품 대부분이 약물에 영향을 받았다는 분석이 나오는 배경입니다.

　약에 빠져 있었던 건 보들레르만이 아니었습니다. 동료들인 해시시 클럽의 일원들이 있었기 때문이지요. 소설가 알렉상드르 뒤마(『삼총사』), 오노레 드 발자크(『인간 희극』), 빅토르 위고(『레미제라블』)가 해시시 클럽의 명단에 이름을 올렸습니다. 화가 외젠 들라크루아도 이들과 어울린 사람이었습니다. 이들은 한 달에 한 번 파리의 호텔에 모여 단체로 환각의 세계에 빠졌지요. 오늘날 우리가 즐기는 수많은 명작이 해시시의 결과물이었던 셈입니다.

보들레르는 특히 환각에서 느낀 세계를 찬미합니다. 검고Noir 음산한Lugbre 파리에서 벗어나 약이 주는 환각에 몸을 기댔지요. 이때의 경험을 담은 책이 1860년 발간한 『인공낙원』입니다. 그는 "매우 경이로운 도취에 이르렀다"고 기록합니다. 동시대의 소설가 조르주 상드는 "검은 도사로부터의 도피가 보들레르가 환각에 빠진 주요 동기"라고 말했습니다.

불운한 가정사가
어두운 예술의 동력으로

보들레르가 태생부터 어두움을 타고난 것은 아니었습니다. 그의 가정사에는 결핍이 있어서였습니다. 잠시 그의 가정사를 들여다보시지요.

"어머니, 저를 사랑해주실 수는 없나요?"

보들레르는 아버지 조제프프랑수아와 어머니 카롤린 사이에서 1821년 태어났습니다. 아버지의 나이 60세였던 해지요. 어머니는 고작 26세의 꽃다운 청춘이었습니다. 당시 평균 연령을 고려하면, 부부의 사별은 처음부터 정해진 수순이었지요.

이별은 불현듯 찾아옵니다. 아마추어 화가였던 아버지가 세상을 떠납니다. 보들레르의 나이 고작 여섯 살. 아버지를 거울삼아 세상을 이해해야 할 시기였지요. 어머니 카롤린은 생계의 막막함을 느꼈을 겁니다. 서른을 갓 넘긴 나이, 아이가 있는 과부가 할 수 있는 것은 많지 않았지요. 결국 재혼을 택합니다. 육군 중장이었던 자크 오픽이 그의 새 아버지가 되었습니다.

보들레르는 자크 오픽과 썩 어울리지 못했습니다. 화가의 아들로

● 보들레르는 아버지를 일찍 여의고, 어머니의 사랑을 받지 못한 채 성장했다. 에밀 드루아가 1844년에 그린 보들레르의 초상. 그의 나이 23세였다.

자유로운 그와 군인은 조화할 수 없는 조합이었지요. 의붓아버지는 아들이 규율을 지키길 바랐고, 보들레르는 이를 혐오했습니다. 두 남자의 갈등 사이에서 어머니는 남편의 편을 들 수밖에 없었지요. 그가 벌어오는 돈으로 먹고살아야만 했습니다.

시인이 된 보들레르가 어머니 카롤린에게 쓴 편지 내용입니다. "제가 당신을 진심으로 사랑한 적이 있었습니다." 어머니를 향한 사랑이 응답받지 못했다는 보들레르의 서운함이 행간에서 묻어납니다. 카롤린의 재혼이 보들레르에게 트라우마를 남겼다고 지적합니다.

프랑스 리옹에서 다닌 학교에서도 그는 위로받지 못했습니다. 친구와 선생님은 침울한 보들레르를 멀리했기 때문입니다. 어린 시절부터 삶의 환희와 공포라는 양면적 감정을 걸어온 것이었지요. 그는 이렇게 적었습니다. "나의 삶은 저주받았고, 앞으로도 마찬가지일 것이다."

마약, 매춘, 알코올에
빠진 보들레르

보들레르는 자신의 우울을 방탕한 삶으로 달랬습니다. 수많은 매춘부를 사귀었고, 옷을 사는 데에도 돈을 아끼지 않았지요. 당대 유명한 혼혈 여배우 잔 뒤발과 연애했지만, 가족의 반대로 헤어지게 되면서 그의 삶은 더욱 타락해져 갔습니다.

불우한 환경은 때론 인간을 무너뜨리지만, 어떤 예술가들은 이를 창조의 원천으로 삼아가기도 합니다. 보들레르가 그런 인물이었습니다. 시는 고통과 전율, 히스테리와 쾌락으로 가득합니다. 당시 대중에게는 결코 받아들일 수 없는 주제였지만, 이전에는 결코 본 적이 없는 새로운 형식이었습니다.

1857년 그의 나이 36세, 그의 첫 시집인 『악의 꽃』이 출간됩니다. 우울과 냉소가 기본이었던 그도 일말의 희망을 품었겠지요. 하지만 세상은 그의 시만큼이나 차가웠습니다. 섹스, 죽음, 레즈비언, 변태, 우울, 도시의 부패, 삶의 억압이 담긴 이 책을 프랑스는 받아들일 준비가 안 되어 있었던 것이지요.

"타락한 쓰레기"라는 평론계의 조롱이 이어졌습니다. 보들레르는 미풍양속을 해쳤다는 이유로 기소돼 벌금형과 함께 유죄 판결까지 받게 됐지요. 시집은 가까스로 출간됐지만 여섯 편이 삭제된 채였습니다.

• 보들레르의 시집 『악의 꽃』 안에 수록된 삽화(1900년). 외설적인 내용이 엿보이는 그림이다.

"시인의 왕"으로
추앙받기 시작하다

매독과 약물 중독, 보들레르의 삶의 빛은 서서히 희미해져 갑니다. 그의 시는 인정받지 못했고, 그의 삶 또한 마찬가지였습니다. 빈곤에 따른 스트레스에 그는 점점 지쳐갔지요.

● 보들레르를 흠모했던 프랑스 시인 장 니콜라 아르튀르 랭보의 17세 때 사진.

하나의 위안이 되었던 것은 어머니와의 관계 회복이었습니다. 의붓아버지가 죽고 난 뒤 둘은 함께 살게 됐지요. 평생 느끼지 못했을 사랑을 보들레르는 경험합니다. 어린 시절부터 이런 사랑이 주어졌다면, 지금의 보들레르는 없었겠지요. 다만 그는 조금 더 행복한 사람으로 남았을 것입니다.

1867년 3월 그가 결국 눈을 감았지요. 그의 나이 고작 46세였습니다.

시대를 정의하는 예술가가 그러하듯, 보들레르 역시 사후에 더 인정받는 시인이었습니다. 새로운 감정을 끌어내는 그의 저작을 문학계가 인정하면서였지요. 실존적 불안을 포착하는 그의 예민한 감각에 세계가 조응하기 시작합니다. 그가 죽은 지 4년 후인 1871년 시인 장 니콜라 아르튀르 랭보는 보들레르를 "시인의 왕이면서 동시에 진정한 시인"이라고 찬양합니다.

마르셀 프루스트 역시 "19세기 최고의 시인"이라고 상찬했지요. 멜랑콜리는 더 이상 비주류적 감성이 아니었던 셈입니다. 어머니 카롤린 역시 그의 시집 판매가 급증하면서 상당한 부를 쌓게 됩니다. 보들레르가 생전에 경험하지 못했던 일입니다.

지구를 대표하는
소리가 된 보들레르의 시

1977년 9월 5일 미국 나사가 우주 탐사선을 발사합니다. 보이저 1호였습니다. 인류가 자랑할 만한 작품을 황금색 LP 디스크에 녹음해 로켓에 실었지요. '지구의 소리The Sounds of Earth'였습니다. 이곳에 실린 작품이

• 우주 깊은 곳까지
　지구의 소리를 전달하는
　골든 레코드.

보들레르의 「비상L'elevation」입니다.

　　보이저 1호는 역사상 가장 위대한 항해자로 아직도 여행하고 있지요. 우주의 고등 생명이 우리를 만난다면, 샤를 보들레르의 시부터 만나게 된다는 의미입니다. 그들이 만날 시를 여러분께도 공유합니다.

　　연못들, 계곡들, 산들, 숲들, 구름들,

　　바다 위로, 태양 너머로, 창공 너머로, 별들의 천구 너머로,

　　나의 정신, 너는 민첩하게 움직이고,

　　파도 속에서 황홀해지는 헤엄 잘 치는 사람처럼,

　　너는 말로 할 수 없는 남성적 쾌락을 느끼며

　　그 방대하고 깊은 곳을 즐거이 누비고 다니는구나.

　　　　　　　　　　　　　　　　_샤를 보들레르의 「비상」에서

27

60세 연하에게 청혼한 대문호
요한 볼프강 폰 괴테

* * *

- ◇ 독일의 대문호 괴테는 사랑을 문학 창조의 원동력으로 삼았다.
- ◇ 약혼자가 있는 여인을 사랑한 뒤에는 『젊은 베르테르의 슬픔』을 썼다.
- ◇ 74세에 19세 소녀에게 청혼한 뒤 거절당했다. 이 아쉬움으로 『파우스트』를 완성할 수 있었다.
- ◇ 예술가에게 무한한 자유를 줬을 때 훌륭한 결과물을 가져온 예다.

72세에 17세 소녀에게 청혼한
대문호 괴테

백발이 성성한 노인이 한곳을 지긋이 바라봅니다. 그의 시선 끝에는 한 소녀가 서 있습니다. 꽃을 보면서 까르르 웃는 한 소녀에게서 그는 눈을 떼지 못했지요. 열일곱 살이 갓 지난 소녀는 주변을 환하게 만드는 매력을 지니고 있었습니다. 노인 역시 그녀를 사랑스럽게 여겼지요.

처음에는 할아버지와 손녀의 관계인 줄 알았습니다. 그런데 어느 순간부터 이 노인의 행동이 선을 넘기 시작합니다. 손을 쓰다듬기도 하고, 볼에 입술을 갖다 대는 일까지 서슴지 않았기 때문입니다. 소녀를 자기 연인으로 여기지 않으면 있을 수 없는 일이었습니다.

아무리 자유로운 영혼이라지만, 노인의 나이는 벌써 72세. 둘의 나

이 차이는 쉰 살이 넘었습니다. 그런데도 그는 기어이 그녀에게 청혼의
뜻을 전하지요. 노욕에 가득 찬 범인의 이야기가 아닙니다. 세기의 대문
호 괴테의 일화입니다.

사랑을 문학의 원동력으로
삼은 남자, 괴테

괴테는 꽤 욕망에 충실한 삶을 살았습니다. 삶의 주기마다 불같은 사랑
이 찾아왔고, 열정이 불탄 자리에서는 문학이 자랐습니다. 첫사랑부터
끝사랑까지, 빠짐없이 명작을 남겼다는 점에서 그는 타고난 작가였지요.

괴테를 알기 위해서는 괴테의 연인을 알아야 한다는 이야기가 나오는 배경입니다.

요한 볼프강 폰 괴테, 줄여 괴테로 통용되는 이 사내는 1749년 독일 프랑크푸르트 암마인에서 태어났습니다. 부유한 시민계급 인사의 아들이었지요. 독일 북부 지역의 법률가인 아버지에게서는 근면한 생활 태도를 배웠고, 프랑크푸르트 시장의 딸이자 예술을 사랑하는 어머니에게서는 이야기를 짓는 능력을 물려받았지요. 그는 서민임에도 유복한 집안에서 태어난 덕분에 고등교육을 마음껏 받고 자랍니다.

우연히 빠진 삼각관계
대작의 씨앗

열여섯 때 라이프치히대학교에 입학하면서 그는 몇몇 풋사랑을 경험하지요. 더욱 강렬한 사랑의 경험은 그가 스물세 살이던 해 찾아옵니다. 인구 5000명의 작은 도시 베츨라어에서였습니다. 그는 변호사 경력을 시작하려고 이곳을 찾았습니다.

새 도시의 첫인상은 썩 좋지 않았습니다. 유서 깊었지만 인습이 켜켜이 쌓여 있는 느낌을 풍겼기 때문입니다. 낯선 법원에서 변호사로서의 경력을 시작하는 것에도 두려움이 앞섰지요. 새로운 세계에 대한 동경보다는 불안이 가득한 나날이었습니다.

"혹시 연인 있으세요?"

사랑은 이렇게 불현듯 찾아왔지요. 무도회로 향하는 마차 안에서 만난 그녀 때문이었습니다. 화장을 전혀 하지 않은 얼굴이었지만, 아침

이슬처럼 영롱함으로 가득했습니다. 자신이 좋아하는 문학을 소재로 가벼운 대화를 나눴습니다. 그녀의 이름이 샤를로테 부프라는 것까지 알게 됐지요.

기대는 언제나 실망으로 이어지기 마련입니다. 무도회장에서 그녀가 어떤 남자의 손을 잡고 있었기 때문입니다. 이미 약혼자가 있던 몸이었지요. 잠깐이나마 두 사람 사이에서 서성이던 괴테. 샤롯의 약혼자였던 캐스트너와도 우정을 잠시 쌓았지만, 공허함은 커집니다. 결국 샤롯의 곁을 떠나기로 결심하지요.

반♣자전적인
『젊은 베르테르의 슬픔』

"문학이 나를 구원하리…."

괴테는 사랑으로부터 저주받았고, 문학으로부터 구원받았습니다.

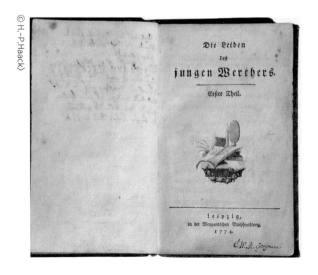

Die Leiden
des
jungen Werthers.

Erster Theil.

Leipzig,
in der Weygandschen Buchhandlung.
1774.

사랑의 생채기를 자신만의 미문美文으로 회복할 수 있었기 때문이지요. 특히 두 번째 사랑이 끝났을 때 만든 작품이 그랬지요. 『젊은 베르테르의 슬픔』입니다. 유럽의 시민들 역시 그의 문학에 공명하기 시작합니다.

주인공 베르테르는 삼각관계에 괴로워하다, 사랑하는 여인 로테가 자신의 라이벌과 결혼하자 죽음을 결심합니다. 마치 젊은 괴테가 샤를로테의 마음을 얻지 못하고 괴로워한 것처럼요. 괴테의 친구인 칼 빌헬름 예루살렘 역시 약혼자가 있는 여인에게 마음을 빼앗긴 후 고뇌하다가 죽음을 택했습니다. 『젊은 베르테르의 슬픔』은 두 실화를 섞은 허구의 이야기입니다. '팩션(팩트+픽션)'에 가깝지요.

유럽의 스타 작가가
된 괴테

『젊은 베르테르의 슬픔』은 유럽 전역을 휩쓸었습니다. 20대 중반의 작가 괴테는 일약 스타덤에 올랐지요. 유럽의 모든 귀부인과 고관대작들이 그와의 만남을 기대했을 정도였으니까요. '베르테르 열병'이란 신조어가 생기기도 했지요.

젊은이들은 작품 속 베르테르처럼 옷을 입고 행동하기 시작합니다. 소설을 읽고 따라 자살하는 일까지 생겼다는 말도 있을 정도였지요. 기독교 국가에서 자살은 죄악과 같았기에, 덴마크와 이탈리아에서는 이 소설을 금지하기도 했습니다.

이 작품이 당시 유럽에 선풍적인 인기를 끌었던 것은 전형적인 격식을 파괴했기 때문입니다. 주제와 표현 방식에서 보더라도 틀에서 벗어

● 베르테르와 샤를로테를 묘사한 그림.
두 사람의 사랑이 이뤄진 것을
상상해서 그린 그림으로
추정된다. 18세기 작품.

낳지요. 사랑에 아파하고, 정열이 불러온 격정적인 감정의 에너지를 그는 고스란히 담아냈습니다. 베르테르는 세상과 조화하지 못하고 자신의 정열 때문에 스스로를 파괴하는 낭만적인 영웅의 원형이 됐습니다.

　『젊은 베르테르의 슬픔』은 그저 '치정극'으로만 해석되지 않는 깊이를 보여줍니다. 작품 속에서는 부와 권력을 독점한 봉건 귀족 계급에 의해 좌절하는 베르테르의 모습을 묘사하면서입니다. 사회의 위선을 베르테르의 눈을 빌려 고발했던 것이지요. 부유한 집안에서 태어났지만, 귀족은 될 수 없었던 괴테 본인의 문제의식을 작품으로 녹여냈던 셈입니다. 이전 문학이 전설, 역사를 주제로 현실과 괴리된 것과는 명확히 달랐지요. 괴테는 그만의 독창적 '리얼리즘'을 구현한 작가였습니다.

'질풍노도' 문예사조를
이끈 괴테

모든 대문호가 그러하듯, 괴테 이전과 이후의 문학은 달라지기 시작합니다. 『젊은 베르테르의 슬픔』처럼 자신의 감정에 충실하면서 개인적 체험을 담아낸 작품들이 많아지면서입니다. 우리나라 말로 '질풍노도'라고 불리는 '슈트룸 운트 드랑' 운동이었습니다.

독일 문학은 이제 유럽의 중심으로 발돋움하지요. 영국에서는 문화적인 유행이었고, 나폴레옹은 이 책을 일곱 번이나 정독한 것으로 유명합니다. 문학사가들은 이 시기를 '괴테의 시대Goethezeit(괴테자이트)'라고도 불렀지요.

• 독일의 또 다른 대문호인
  프리드리히 쉴러는
괴테와 좋은 관계를 유지했다.

그는 더 이상 '서민' 괴테가 아니었습니다. 바이마르 공국의 공작 카를 아우구스트가 그를 직접 궁전에 초빙한 뒤였습니다. 공작은 괴테를 궁전의 수석 고문으로 직접 임명하지요. 요한 볼프강 폰 괴테의 이름에 귀족에게만 붙는 '폰Von'이 붙는 이유입니다. 공작의 전폭적인 후원 아래 여러 인사들과 우정을 쌓았지요. 『빌헬름 텔』로 유명한 독일의 대표 작가 가운데 한 명인 요한 크리스토프 프리드리히 폰 실러도 그중 한 명이었습니다.

금지된 사랑을
즐긴 괴테

"부인, 사랑합니다. 당신에게 남편이 있더라도요."

성적 욕망을 그는 문학의 불쏘시개로 삼았습니다. 바이마르 공국에서 머물 때는 지성과 감성을 겸비한 일곱 살 연상의 샤를로테 폰 슈타인이라는 여인과 사랑을 속삭이면서 이를 작품으로 소화했지요. 그녀가 유부녀였던 탓에 사랑은 이뤄질 수 없었습니다. 두 사람은 그런데도 편지를 1800통이나 주고받을 정도로 깊은 관계를 이어 나갔지요. 시 「쉴 사이 없는 사랑」, 「달에게」 등에서 그녀와의 사랑을 찬미합니다.

사랑이여, 너는 삶의 왕관이다. 쉴 사이 없는 행복이다.

_「쉴 사이 없는 사랑」에서

괴테의 문학 인생에서 "최고로 정열적인 상태의 산물"은 「마리엔바트의 비가悲歌」였습니다. 그의 나이 74세인 1823년에 쓴 작품이었지요. 서두에 소개한 일화 속 19세 소녀와의 결혼이 물거품이 된 뒤의 감정을 담았습니다.

괴테는 2년 전 만난 울리케 폰 레베초에게 끌렸습니다. 처음에는 자신의 나이를 되뇌면서 아버지와 같은 마음의 애착을 보여주고는 했지요. 그런데 어느새 그 마음은 사랑과 정열로 변했습니다. 침대에 누운 노인은 밤마다 소녀와의 사랑을 상상하면서 잠들고는 했지요. 마치 사춘기 소년처럼요. 15년 전에 울리케의 어머니를 사랑했던 기억도 개의치 않았습니다.

오랜 기간 마음을 키워온 괴테였습니다. 삶이 끝나기 전에 그는 새로운 사랑을 시작하고 싶었지요. 그는 자신의 주군이자 친구이기도 한 바이마르 공작에게 청혼의 뜻을 대신 전달해달라고 청합니다. 그녀의 대답은 완곡한 거절로 전해집니다. 시의 제목이 「마리엔바트의 비가」인 이유이지요. 슬픔과 비애로 가득했지만, 그는 다시 책상에 앉았습니다. 수도원의 수도승처럼, 시구詩句와 시어詩語를 모아 자신의 마음을 써 내려갔지요.

• 괴테는 어릴 적부터 노년까지
  끊임없이 사랑을 한 인물이었다.
  요한 티슈바인이 그린 이탈리아 여행 중인 괴테.
  그는 이탈리아 여행을 통해
  고전주의를 자신의 작품에 녹였다.

인간이 고통 속에서 침묵할 때,

신은 내게 고통받음을 말할 재능을 주셨네.

…

떨칠 수 없는 그리움만이 나를 이리저리 몰고 다니네.

끝없는 눈물만이 남아 있네.

_「마리엔바트의 비가」에서

황혼에 접어든 노인의 글이라고 믿기지 않을 정도로 격정이 묻어납니다. 사랑의 정열을 온전히 품을 수 있었기에 마지막까지 괴테가 펜을 쥘 수 있었던 것일지도 모릅니다.

불후의 명작 『파우스트』
뒤에는 실연의 상처 있었다

마지막 사랑이 끝난 뒤에는 마지막 정리도 함께 시작됩니다. 그가 미처 쓰다만 여러 작품이 토막 나 있었습니다. 흩어진 글을 문학으로 승화시킬 시간. 무려 60년 동안이나 완결을 짓지 못한 작품도 있었습니다. 『파우스트』였습니다. 악마 메피스토로부터 세상의 온갖 명예와 부를 가질 수 있다는 유혹을 받는 현자 파우스트의 이야기지요.

현자 파우스트가 악마로부터 힘을 받은 후 한 첫 번째 행동은 10대 소녀이자 순수하고 순결한 그레트헨을 유혹하는 것이었습니다. 그레트헨은 실제로 괴테의 첫사랑 이름이었지요. 실패한 첫사랑을 모델로 삼아 문학으로 구현한 것이었습니다.

● 프랑스 화가 장 폴 로렌스가 그린
파우스트 박사.
괴테의 작품이 대성공을 거둔 이후
예술계에서 파우스트는
단골 소재로 자리매김했다.

● 요한 볼프강 폰 괴테가 1793년 그린 모젤강 인근.
프랑스 국경을 표시하는 기둥에는 "이 땅은 자유다"라고 적혀 있다.
그는 문학과 그림에도 소질이 있는 팔방미인이었다.

현자 파우스트는 물론 괴테 본인이었지요. 문학이 그리는 허구 세계에서라도 그는 사랑을 완성하고자 했던 것이었을까요. 괴테의 첫사랑인 그레트헨은 『파우스트』의 첫 문장을 쓰게 했고, 그의 마지막 사랑 울리케는 『파우스트』를 매조지게 했습니다. 70대 노인의 노욕이 시대를 정의하는 명작의 동력이었던 셈이지요.

죽음 뒤에도 이어진
괴테의 시대

죽음 이후에도 '괴테자이트(괴테의 시대)'는 계속됐습니다. 후대의 음악가와 철학자들이 그의 작품을 추앙했기 때문이었지요. 베토벤은 『파우스트』를 오페라로 만들 계획도 세웠을 정도입니다. 베토벤은 공공연히 "파우스트 교향곡은 가장 위대한 예술작품이 될 것"이라고 말하기도 했습니다.

영국의 작가 토머스 칼라일은 괴테와 연관된 수많은 작품으로 그를 기렸습니다. 1919년 독일의 제헌의회가 헌법을 작성하고 승인한 장소로 수도 베를린이 아닌 바이마르를 선택한 것 역시 괴테의 영향으로 알려졌지요.

"예술가에게 자유를. 그러면 그들은 더 큰 세계로 우리를 안내할 것이다"라는 격언, 괴테만큼 잘 어울리는 사람은 없을 겁니다.

김동섭, 『영국에 영어는 없었다』, 책미래, 2016.

김문규, 「『리처드 3세』에 나타난 악의 비전: 반복과 고착 무와 무능」, 한국셰익스피어학회, 『Shakespeare Review』 Vol.51 No.4, 2015.

김복래, 『프랑스 왕과 왕비』, 북코리아, 2021.

김연재, 「앙리 드 틀루즈 로트렉의 여인상에 나타난 보색심리의 치유적 의미」, 『미술치료연구』 제21권 5호, 2014.

김혜영, 「향유의 주체되기: 마광수의 『즐거운 사라』에 출현한 사드적 여성」, 『국제한인문학』 23집, 2019.

노명호, 『고려 태조왕건의 동상』, 지식산업사, 2012.

박수정, 「로트렉의 회화작품의 아르누보적 특성 연구」, 영남대학교 석사학위 논문, 2002.

박우수, 『셰익스피어의 역사극』, 열린책들, 2012.

박이은실, 『월경의 정치학』, 동녘, 2015년.

박지향, 『클래식 영국사』, 김영사, 2012.

「선화봉사 고려도경」, 한국사데이터베이스.

송태현, 「리스본 대지진을 둘러싼 볼테르와 루소의 지적 대결과 근대 지식의 형성」, 한국비교문학회, 『비교문학』 70권, 2016.

유희수, 『낯선 중세』, 문학과지성사, 2018.

윤홍로, 「궁궐 건축의 잡상」, 월간 『문화재사랑』, 문화재청, 2009.

이민희, 「근대 연애에 관한 '문화지형도' 구축 1·2」, 한국비교문학회, 『비교문학』 제74호·76호, 2018.

이병주, 『이병주 에로스 문화탐사 1·2』, 생각의나무, 2002.

이상기, 「괴테의 『젊은 베르테르의 슬픔』에 나타난 사실성과 허구성」, 한국외국어

대학교 외국문화연구소, 『외국문학연구』 6권, 2000.

이종철, 『한국의 성 숭배문화』, 민속원, 2003.

조현진, 「보들레르 작품에 나타난 문학적 어머니」, 인문과학연구소, 『인문학 연구』 통권 114호, 2017.

주현진, 「19세기 우울과 환각: 보들레르 환각체험 작품을 중심으로」, 한국프랑스학회, 『한국프랑스학논집』 111권, 2020.

최경철, 『유럽의 시간을 걷다』, 웨일북, 2016.

한은희, 「우리 선조의 목욕문화」, 월간 문화재사랑, 문화재청 홈페이지, 2013.

니콜라스 시라디, 강경이 옮김, 『운명의 날: 유럽의 근대화를 꽃 피운 1775년 리스본 대지진』, 에코의 서재, 2009.

닐 맥그리거, 김희주 옮김, 『독일사 산책』, 옥당, 2016.

데이비드 H. 프리드먼, 김태우 옮김, 『막대에서 풍선까지: 남성 성기의 역사』, 까치, 2003.

데이비드 리비트, 고중숙 옮김, 『너무 많이 알았던 사람: 앨런 튜링과 컴퓨터의 발명』, 승산, 2008.

데즈먼드 수어드, 최파일 옮김, 『백년전쟁 1337~1453』, 미지북스, 2018.

로버트 스완슨, 최종원 옮김, 『12세기 르네상스』, 심산, 2009.

리처드 작스, 『발가벗기는 역사』, 고려문화사, 1994.

번 벌로·보니 벌로, 서석연 옮김, 『매춘의 역사』, 까치, 1992.

베티 진 리프턴, 홍한결 옮김, 『아이들의 왕 야누시 코르차크』, 양철북, 2020.

브랜든 심스, 곽영완 옮김, 『영국의 유럽』, 애플미디어, 2013.

B. 잭 코플랜드, 이재범 옮김, 『앨런 튜링』, 지식함지, 2014.

샤를 보들레르, 황현산 옮김, 『악의 꽃』, 민음사, 2016.

샹탈 토마, 심효림 옮김, 『사드 신화와 반신화』, 인간사랑, 1996.

슈테판 츠바이크, 안인희 옮김, 『광기와 우연의 역사』, 자작나무, 1996.

알랭 코르뱅 외, 조재룡, 정숙현 옮김, 『몸의 역사 2』, 길, 2017.

앙드레 모루아, 신용석 옮김, 『미국사』, 김영사, 2015.

앙드레 모루아, 신용석 옮김, 『프랑스사』, 김영사, 2016.

앤드루 램버트, 박아람 옮김, 『넬슨: 대영제국을 구한 바다의 신』, 생각의나무, 2005.

앵거스 맥래런, 정기도 옮김, 『피임의 역사』, 책세상, 1998.

에두아르트 푹스, 이기웅·박종만 옮김, 『풍속의 역사』, 까치, 2001.

오토 에프 베스트·볼프강 엠 슐라이트, 차경아 옮김, 『키스의 역사』, 까치, 2001.

요한 페터 에커만, 장희창 옮김, 『괴테와의 대화』, 민음사, 2008.

윌리엄 셰익스피어, 김정환 옮김, 『리처드 3세』, 아침이슬, 2012.

이시카와 히로요시, 김승일 옮김, 『마스터베이션의 역사』, 해냄, 2002.

쟝-쟈끄 뽀베르, 이인숙 옮김, 『살아 있는 사드』, 문학세계사, 1993.

제바스티안 하프너, 안인희 옮김, 『비스마르크에서 히틀러까지』, 돌베개, 2016.

제프리 리처즈, 유희수·조명동 옮김, 『중세의 소외집단』, 느티나무, 1999.

조안 드잔 외, 린 헌트 엮음, 전소영 옮김, 『포르노그라피의 발명』, 책세상, 2016.

존 줄리어스 노리치, 남길영·임지연·유혜인 옮김, 『교황 연대기』, 바다출판사, 2014.

찰스 디킨스, 민청기·김희주 옮김, 『찰스 디킨스의 영국사 산책』, 옥당, 2014.

캐서린 애션버그, 박수철 옮김, 『목욕, 역사의 속살을 품다』, 예지, 2010.

티모시 C. 와인가드, 서종민 옮김, 『모기』, 커넥팅, 2019.

페르디난트 자입트, 차용구 옮김, 『중세의 빛과 그림자』, 까치, 2000.

폴 쥠토르, 김동섭 옮김, 『정복왕 윌리엄』, 글항아리, 2020.

피에르 루이스, 김영신 옮김, 『욕망의 모호한 대상』, 불란서책방, 2021.

Elizabeth Abbott, 『A History Of Celibacy』, Da Capo Press, 2001.

John Harvey Kellogg, 『Plain Facts for Old and Young』, Burlington, 1877.

Kate Williams, 『England's Mistress』, Ballantine Books, 2009.

Robin Gerber, 『Barbie and Ruth: The Story of the World's Most Famous Doll and the Woman Who Created Her』, HarperBusiness, 2009.

Edited By Vern L. Bullough·Bonnie Bullough, 『Human Sexuality: An Encyclopedia』, Routledge, 1994.

역사 속 성 문화,
사색

© 강영운, 2024

초판 1쇄 2024년 1월 10일 찍음
초판 1쇄 2024년 1월 22일 펴냄

지은이 | 강영운
펴낸이 | 강준우

인쇄·제본 | (주)삼신문화
펴낸곳 | 인물과사상사
출판등록 | 제17-204호 1998년 3월 11일

주소 | (04037) 서울시 마포구 양화로7길 6-16 서교제일빌딩 3층
전화 | 02-471-4439
팩스 | 02-474-1413
www.inmul.co.kr | insa@inmul.co.kr

ISBN 978-89-5906-738-1 03900
값 22,000원